Gift

Titel der Originalausgabe: *Poison: the History of Potions, Powders and Murderous Practitioners*

Hambakenwetering 8B
5231 DC 's-Hertogenbosch
Niederlande
www.librero-ibp.com

Ursprünglich herausgegeben 2019 von André Deutsch, einem Imprint von Welbeck Non-Fiction Limited, Teil der Welbeck Publishing Group.

Übersetzung aus dem Englischen:
Nina Kavelar, Köln
Redaktion und Satz der deutschen Ausgabe:
Print Company Verlagsges.m.b.H., Wien

Printed in Guangzhou, China GGDP062026

ISBN: 978-94-6359-417-2

Gift

Die Geschichte der Giftmörder und Gifte von Arsen bis Zyankali

Ben Hubbard

Vorwort von
Sophie Hannah

Librero

Inhalt

Vorwort

„Einen Menschen kaltblütig zu vergiften ist ein teuflisches Vergehen. Hätte sie einen Revolver in die Finger bekommen und den Mann erschossen, hätte man das nachvollziehen können. Aber dieser eiskalte, vorsätzliche, rachsüchtige Giftmord – und noch dazu mit einer solchen Gelassenheit!" So beschrieb es Agatha Christie in *Das unvollendete Bildnis*. Später stellte sich heraus, dass die Vergiftung von Amyas Crale alles andere als kalt und gelassen vonstattenging, sondern ein heißblütiges Verbrechen aus Leidenschaft war, wie es bei Giftmorden oft der Fall ist. Aber mehr möchte ich dazu nicht sagen, um nicht das Ende eines der besten Krimis aller Zeiten zu verraten.

Agatha Christie war eine Expertin für Gifte – als junge Frau hatte sie als Apothekerin gearbeitet. Als ich begann, ihr Werk fortzuführen, wurde ich auf einmal selbst zur Giftmörderin (natürlich nur in meinen Romanen). In meinen eigenen Geschichten hatte ich nie Gift als Mordwaffe verwendet, bis ich meinen ersten Poirot-Krimi schrieb: *Die Monogramm-Morde* (2013). Plötzlich brauchte ich Gift, genauer gesagt Cyanid. Auch in meinem zweiten Poirot-Roman *Der offene Sarg* kam Gift zum Einsatz, diesmal Strychnin. Lag es an der historischen Kulisse der 1930er-Jahre, dass die Giftmischerin in mir erwachte? Das war wohl nicht der einzige Grund. Kurz nach *Der offene Sarg* schrieb ich eine Kurzgeschichte, deren Handlung in der Gegenwart spielte: *Bully the Blue Bear*. Darin wird das Opfer, das eine Nahrungsmittelallergie hat, gezielt mit dem Allergen vergiftet. Die Mörderin in dieser Geschichte hätte um Cyanid oder Strychnin einen großen Bogen gemacht, selbst wenn sie Zugang zu diesen Substanzen gehabt hätte, denn sie sind das, was man unter „echten" Giften versteht. Aber gekochte Eier in ein Gebäude zu bringen und damit eine bestimmte Brotdose zu kontaminieren fühlte sich nicht wie ein richtiger Mord an, auch wenn die Täterin ganz bewusst jemanden töten wollte.

Genau diese Denkweise passt zur Persönlichkeit des Giftmörders. Es ist eine Mordmethode, die Unehrlichkeit und Heuchelei im Überfluss zulässt - es ist sicherlich die Waffe der Wahl des Volksmörders – und sein Opfer erfährt nie, wer es tötet. Der Täter kann das Gift unauffällig in eine Speise oder ein Getränk mischen und dann verschwinden, bevor das unschöne Würgen und Sterben losgeht. So erspart man sich den Anblick des Todes und zieht auch nicht die Missbilligung des Opfers auf sich. Kennen Sie solche Leute (von denen es viele gibt), die selbst von Menschen, die sie verabscheuen, unbedingt gemocht werden wollen? Wer jemanden töten möchte und von seinem zukünftigen Opfer dennoch als treuer Freund und Helfer angesehen werden will, greift am besten zu Gift. Zum Zeitpunkt des Todes kann man bereits meilenweit vom Tatort entfernt sein, während man bei einem Mord mit einer Stich- oder Schusswaffe gezwungenermaßen anwesend sein muss und vielleicht sogar gesehen und erkannt wird.

Aber auch die feigen Giftmörder haben es nicht immer leicht, denn gerade Schleimer und Rechtmacher sind manipulativ und versuchen, die Meinung und das Verhalten anderer zu kontrollieren. Ein berechnender Kontrollfreak kippt nicht einfach etwas Gift in ein Glas und macht sich dann davon– er will sichergehen, dass das Opfer auch wirklich stirbt. Was, wenn das Getränk verschüttet wird? Oder wenn die falsche Person daraus trinkt, wie es in Agatha Christies Roman *Mord im Spiegel* geschah?

Manche Mörder (oder Krimiautoren) lehnen die Giftmethode ab, weil sie kein Leid ertragen können. Wird ein Mensch erschossen oder erstochen, ist er bis zum Zeitpunkt seines Todes gesund und munter und dann ganz plötzlich tot. Es gibt kein kränkelndes Dahinsiechen. Ein Tod durch Vergiften ist wie eine tödliche Krankheit, die im Zeitraffer verläuft, was nicht jedermanns Sache ist. Wer seinem Opfer einen schnellen Tod ohne langes Leiden bescheren möchte, lässt also lieber die Finger vom Gift. Diejenigen Autoren, die ihre Mordgeschichten wegen der spannenden Handlung und weniger wegen des Mordens an sich schreiben, wollen eher keine unnötige Zeit mit Ersticken und Erbrechen und solchen schrecklichen Dingen verschwenden, wenn es gleichzeitig ein verwirrendes psychologisches Rätsel gibt, auf das man sich lieber konzentrieren möchte.

Ganz ehrlich: Ich spreche von mir selbst. Hier eine etwas beschämende Anekdote: Ich wurde einmal gebeten, einen Kriminalroman zu lesen und eine Empfehlung dafür zu schreiben. In dem Buch geht es um eine Frau, die des Mordes an ihrem todkranken Mann angeklagt wird. Sie gesteht, ihn getötet zu haben, und sagt, dass sie ihn nur von seinem Leid erlösen wollte. Ich fragte den Verleger: „Hat die Geschichte noch eine überraschende Wendung? Ist der Mann in Wirklichkeit gar nicht krank und sie hat ihn aus Hass ermordet?“ Der Verleger sah mich verwundert an. „Nein“, sagte er. „Er lag wirklich im Sterben. Sie liebte ihn. Es war ein Gnadentod.“ „Dann kann ich das Buch nicht lesen“, sagte ich. „Ich finde diese Handlung zu verstörend.“

In meinem dritten Poirot-Roman, *Das Geheimnis der vier Briefe*, gab es keinen Giftmord. Derzeit arbeite ich am vierten Teil und ich weiß noch nicht, wie ich das Opfer sterben lassen werde. Ich bin eine Ordnungsfanatikerin, und ein Tod durch Gift ist irgendwie chaotisch und unsauber. Für mich sollte ein Mord schnell, ehrlich und von Angesicht zu Angesicht begangen werden – aber selbstverständlich nur in der Fiktion. Ganz gleich, ob Sie ein Krimileser, True-Crime-Fan oder aufstrebender Autor sind, im vorliegenden Buch werden sie viele verschiedene Giftmorde kennenlernen. Wischen Sie nach dem Lesen lieber Ihre Fingerabdrücke vom Buchdeckel!

Sophie Hannah

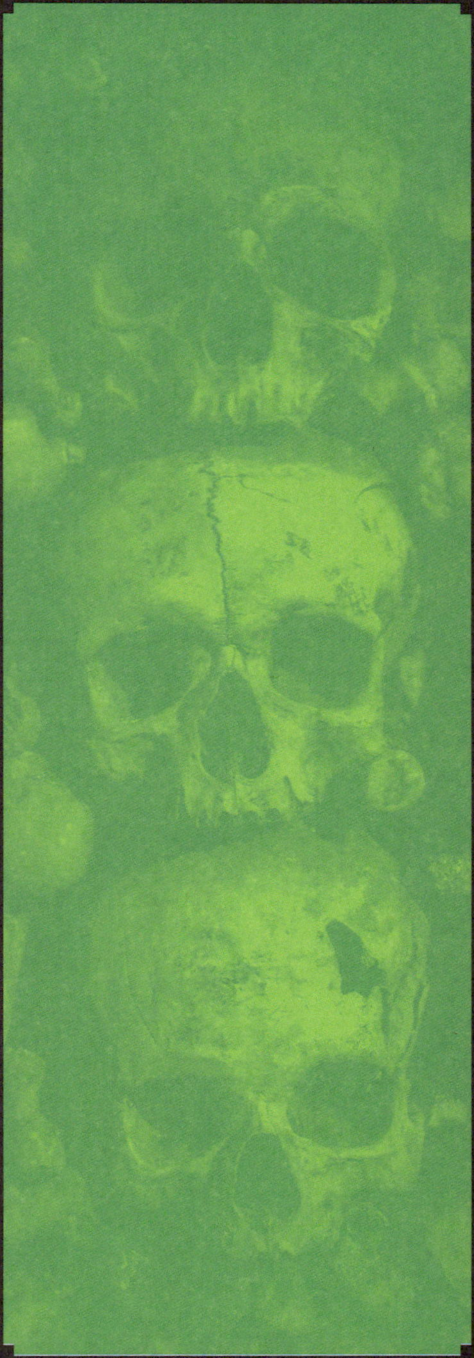

Einleitung: Gift im Wandel der Geschichte

Ein politischer Giftanschlag, der aus einem Krimi über den Kalten Krieg stammen könnte, schockiert im Jahr 2018 die Öffentlichkeit. In der englischen Kleinstadt Salisbury wurden der ehemalige sowjetische Spion Sergej Skripal und seine Tochter Julia mit dem Nervenkampfstoff Nowitschok vergiftet.

Das Gift, das der Täter auf die Klinke der Haustür gesprüht hatte, verursacht Atemwegsversagen, da sich die Lunge des Opfers mit Flüssigkeit füllt. Die Skripals lagen zwei Wochen lang im Koma und überlebten nur durch Glück.

Vergiftungen üben eine makabre Faszination aus. Der Giftmord ist schließlich so alt wie die Menschheit selbst. Nowitschok, das in den Geheimlabors der Sowjets entwickelt wurde, war das neueste Experiment auf der Suche nach dem perfekten Gift. Und es kam dieser Vorstellung schon sehr nahe: Es ist farb- und geruchlos, fällt nicht auf und ist leicht zu verabreichen. Die Botschaft hinter dem Anschlag auf die Skripals war jedoch weniger subtil, sondern eine Warnung an alle Kritiker des russischen Regimes: Der plötzliche Tod konnte sie jederzeit ereilen.

Die Giftmischer aus der ferneren Vergangenheit bevorzugten eine unauffälligere Vorgehensweise. Die besten Gifte waren jene, die man in einem Ring oder einem Make-up-Döschen verstecken konnte und deren Auswirkungen den Symptomen bekannter Seuchen oder Krankheiten ähnelten. Erst im 19. Jahrhundert – dem goldenen Zeitalter der Giftmorde – wurde es möglich, Gifte mithilfe forensischer Methoden nachzuweisen.

In dieser Zeit war Arsen weit verbreitet und so leicht erhältlich wie ein Laib Brot. Arsen befand sich in Tapeten, Spielzeug und Seife. Kein Wunder, dass es zu vielen unbeabsichtigten Vergiftungen kam, die auch zum Tode führen konnten – die perfekte Ausgangslage für Giftmörder, die den Tee eines Familienmitglieds heimlich mit Arsen versetzten. Die Einführung der Lebensversicherungen bot einen zusätzlichen Anreiz. In geringer Dosis galt Arsen jedoch seit langer Zeit als stimulierende Substanz, die das Immunsystem stärken und das Leben verlängern sollte.

Im Altertum konsumierte König Mithridates täglich eine Mischung aus verschiedenen Giften, um sich gegen ein potenzielles Attentat zu immunisieren. Mithridates glaubte, dass eine regelmäßige kleine Dosis den Körper an die Wirkung des Gifts gewöhnte. Die Theorie hielt sich so lange, dass verschiedene Varianten dieses *Mithridatikums* bis ins späte 18. Jahrhundert verkauft wurden.

Es ist kein Zufall, dass die Geschichte der Gifte mit jener der Medizin Hand in Hand geht: Beide wurden oft durch die gleichen Entwicklungen geprägt. Der Schweizer Arzt Paracelsus erkannte, dass der Unterschied zwischen einem Gift und einem Heilmittel oft nur die Dosis ist. „Alle Dinge sind Gift und nichts ist ohne Gift; allein die Dosis macht, dass ein Ding kein Gift ist", schrieb Paracelsus in den 1530er-Jahren und legte damit den Grundstein für die Wissenschaft der Toxikologie. Seinem Prinzip zufolge können alle chemischen Stoffe – sogar Wasser und Sauerstoff – in hohen Dosen giftig sein.

Bereits im Altertum wusste man, dass eine Arznei in einer höheren Dosis giftig sein kann. Der *Papyrus Ebers* aus dem alten Ägypten ist eines der ältesten erhaltenen

OBEN: Rodine war in Großbritannien ein gängiges Rattengift, das aus Kleie, Melasse und Phosphor bestand. Nach seinem Verbot im Jahr 1963 ging die Zahl der Phosphorvergiftungen zurück.

medizinischen Dokumente und enthält die Rezepturen für über 700 Heilmittel. Einige davon sind esoterischer Natur, andere empfehlen den Verzehr von Honig, Maulbeerfeigen und Datteln zur Behandlung verschiedener Beschwerden, etwa der Harnwege. Einige der Rezepte auf diesem Papyrus aus dem Jahr 1534 v. Chr. beinhalten auch giftige Zutaten, wie etwa Schierling, Eisenhut, Opium und Antimon.

Überlieferungen zufolge experimentierte Kleopatra, die letzte Königin Ägyptens, mit Giften an Gefangenen und notierte die Ergebnisse. Auch sie selbst starb bekanntlich durch den giftigen Biss einer Schlange. Kleopatras Tod erinnert uns daran, dass Gift einer der großen Gleichmacher der Geschichte ist. Durch Gift lässt sich ohne Muskelkraft töten: Unter den Giftmördern in diesem Buch befinden sich sowohl Frauen wie Männer.

Historisch waren auch viele Frauen Giftmischerinnen. Im 17. Jahrhundert verkaufte die angebliche Hexe „La Voisin“ Gifte an die Adeligen am Hof Ludwigs XIV. Die Italienerin Giulia Tofana entwickelte ein Gift, das so berüchtigt war, dass es nach ihr benannt wurde. Es soll für über 600 Morde verwendet worden sein – die Täter waren häufig Frauen, die sich von ihren gewalttätigen Ehemännern befreiten.

Der Giftmord zieht sich auch weiterhin wie ein dunkler Faden durch die Geschichte. Er spiegelt unseren wissenschaftlichen, technischen und sozialen Fortschritt wider und erzeugt eine gewisse Ehrfurcht. Er ist persönlich und unmissverständlich. Die Absicht dahinter lässt keine Zweifel zu. Die Symptome einer Vergiftung sind schockierend, seltsam und unzählig: Opfer sterben unter Krämpfen. Andere ersticken, aus ihren Nasen, Augen und Mündern fließt Blut. Cyanid verzerrt das Gesicht des Opfers zu einer Fratze.

Die schreckliche Geschichte der Giftmorde begann in prähistorischer Zeit und ist noch nicht zu Ende. Sie erzählt von unseren besten und schlimmsten Impulsen: vom Drang nach Wissen und Fortschritt bis hin zum Wunsch, andere zu vernichten. Sie ist eine zutiefst menschliche Geschichte.

Giftige Pflanzen, Tiere und Pilze

Viele Jahrhunderte lang wurden die meisten Mordgifte aus Pflanzen und Tieren gewonnen. Die Natur ist ein Schlachtfeld der Gifte, wo tödliche Substanzen zur Verteidigung und zum Angriff eingesetzt werden.

Pflanzen bilden starke Giftstoffe, um sich vor Fressfeinden zu schützen. Giftige Tiere töten auf diese Weise ihre Beute. Die Natur bietet böswilligen Menschen eine Fülle an giftigen Substanzen.

PFLANZEN

Die ersten Gifte der Geschichte wurden aus Pflanzen gewonnen. Bereits die ersten Menschen wussten, dass Pflanzen gesund und schädlich sein konnten. Unsere engsten Verwandten im Tierreich, die Menschenaffen, verzehren Arzneipflanzen, um Bauchschmerzen und andere Beschwerden zu lindern. Als sich der Mensch vom primitiven Hominiden zum Zweibeiner entwickelte, hatte er dieses instinktive Wissen offenbar übernommen. Eine pharmakologisch wirksame Pflanze kann in größeren Mengen jedoch tödlich sein. Bei den ersten Experimenten mit Arzneipflanzen müssen einige Menschen gestorben sein. Im Umgang mit Pflanzen sind versehentliche Vergiftungen immer ein Risikofaktor.

Bevor es möglich war, chemische Stoffe zu synthetisieren, war es bekanntermaßen schwierig, die giftige Dosis einer Pflanze zu ermitteln. Die Pflanzengifte, die sogenannten Phytotoxine, können unterschiedlich stark ausfallen. Selbst zwei Pflanzen derselben Art, die am selben Ort wachsen, können unterschiedlich giftig sein. Dieser Faktor bildet zusammen mit der individuellen körperlichen Reaktion des Opfers auf ein Gift die Basis für die vielen misslungenen Giftanschläge der frühen Geschichte. Wie wir noch sehen werden, führten die Gifte von Tollkirsche, Stechapfel und Schierling oft zu ungewöhnlichen, unerwarteten und manchmal enttäuschenden Ergebnissen.

*OBEN: Bilsenkraut (*Hyoscyamus niger*), Eisenhut (Gattung* Aconitum*) und Tollkirsche (*Atropa belladonna*) sind Pflanzen, die Halluzinationen und das Gefühl zu fliegen hervorrufen können. Im Mittelalter führten Heilerinnen Salben, die aus diesen Rauschmitteln hergestellt wurden, mithilfe von Besenstielen vaginal ein. Diese Praktik soll die Grundlage der Hexenmythologie gebildet haben.*

PILZE

Pilzgifte nennt man Mykotoxine. Sie gehören zu den stärksten Giften der Natur. Das Reich der Pilze umfasst mikroskopisch kleine Schimmelpilze, aber auch die bekannten essbaren und giftigen Pilze. Pilzvergiftungen kommen sehr häufig vor, besonders durch den Verzehr des Grünen Knollenblätterpilzes (*Amanita phalloides*) und des Fliegenpilzes (*Amanita muscaria*), da Giftpilze oft mit essbaren Arten verwechselt werden.

Der Fliegenpilz ist seit langer Zeit nicht nur für seine giftige, sondern auch für seine halluzinogene Wirkung bekannt. Die indigene Bevölkerung Sibiriens verwendete den Fliegenpilz in zeremoniellen Ritualen. Der Schamane verzehrte den Pilz und andere tranken seinen Urin, um den psychotropen Wirkstoff aufzunehmen. Auf diese Art wurde die Giftwirkung, die Schweißausbrüche, Übelkeit und Juckreiz verursacht, zum Teil herausgefiltert. Der Fliegenpilz ist für seine Unberechenbarkeit bekannt: Zu den Symptomen einer Überdosis gehören unter anderem Verwirrung, Halluzinationen und Krämpfe – die jedoch in milderer Form auch bei einem Fliegenpilz-Rausch auftreten können. Eine ähnliche Wirkung hat das Mutterkorn, ein kleinerer, parasitierender Pilz, der auf Roggen und Gerste wächst und normalerweise nicht vorsätzlich konsumiert wird. Das Mutterkorn kann aber noch schlimmere Auswirkungen haben als die medizinischen, wie die Hexenprozesse von Salem bezeugten (Seiten 78–79).

TIERE

Im Tierreich gibt es tausende giftige Arten – nur die Vögel bilden eine Ausnahme. Tierische Gifte, die sogenannten Zootoxine, dienen als Abwehrstoffe. Die Aga-Kröte (*Rhinella marina*) besitzt beispielsweise eine hochgiftige Haut und sondert bei Gefahr ein Bufotoxin ab. Die Ölkäfer (aus der Familie *Meloidae*) bilden das Gift Cantharidin, womit sie ihre Eier vor Fressfeinden schützen. Cantharidin wurde manchmal fälschlicherweise als Aphrodisiakum eingesetzt, was oft fatale Folgen hatte. Ein berühmter Fall ist jener des Marquis de Sade (Seiten 68–71).

Es gibt auch Tiere, die ihr Gift zur Beutejagd einsetzen. Schlangen, Skorpione und Spinnen sind die wohl bekanntesten Vertreter dieser Kategorie. Jedes Jahr sterben weltweit rund 100.000 Menschen an Schlangenbissen. Vipern, Kobras und Taipane gehören zu den giftigsten Schlangen der Welt. Ihr Gift, das sie mithilfe ihrer nadelspitzen Zähne in das Opfer injizieren, zerstört das Gewebe um die Bisswunde. Es verursacht Lähmungen, die zu Lungen- und Herzversagen führen können. Man vermutet, dass sich die ägyptische Königin Kleopatra durch den Biss einer Kobra das Leben nahm. Auf diese Theorie wird auf den Seiten 22–25 näher eingegangen.

OBEN: Der Fliegenpilz hat die Legende vom Weihnachtsmann geprägt. Er ist ein Rauschmittel, der das Gefühl zu fliegen erzeugt, er wird von Rentieren gefressen und er ist rot und weiß, wie die Farben des Weihnachtsmanns.

Elemente der Erde

Im Laufe der Zeit entdeckten die Menschen neue Gifte, die nicht aus Pflanzen oder Tieren stammten. Zuerst wurden sie aus den Elementen der Erde gewonnen, später auch aus Bakterien und neuartigen synthetischen Verbindungen.

Diese Gifte sind die tödlichsten bekannten Stoffe und wurden gezielt entwickelt, um Massenmorde zu begehen.

ELEMENTE

In der Erdkruste kommen rund 80 Elemente vor, die in geringeren Mengen harmlos sind. Spuren davon finden sich auch im menschlichen Körper. Erst höhere Dosen machen diese Stoffe zu den berüchtigten Giften: Arsen, Antimon, Quecksilber, Blei und Thallium. Ursprünglich wurden aus diesen Elementen Farben, Kosmetika und Rattengift, aber auch Arzneimittel hergestellt. Die alten Ägypter empfahlen Antimon bei Hautproblemen, während Quecksilber bis weit in die 1970er-Jahre hinein für medizinische Anwendungen zum Einsatz kam, etwa als Abführmittel. Der erste chinesische Kaiser trank Quecksilber als tägliches Stärkungsmittel (Seiten 40–41).

Im antiken Rom führte Blei im Essgeschirr zur chronischen Vergiftung vieler Menschen. Manche Historiker glauben, dass dieser Faktor zum Untergang des römischen Reichs beigetragen hatte (Seiten 38–39). Das bekannteste Gift ist wohl Arsen, das in vielen der in diesem Buch geschilderten Mordfälle Verwendung fand. Aber selbst dieses Gift erfüllte einen medizinischen Zweck: Mitte des 19. Jahrhunderts konsumierten die „Arsenikesser" in der Steiermark und in Tirol in Österreich kleine Mengen dieses Stoffs, von dessen gesundheitsfördernder Wirkung sie überzeugt waren. Was wieder die Theorie Paracelsus´ bestätigt, der zufolge alle Stoffe, je nach Dosis, Medizin oder Gift sein können.

OBEN: Werbung für Dr. MacKenzies Arsenseife aus dem 19. Jahrhundert. Die Seife, die Zink und Arsen enthielt, versprach eine reine Haut und einen strahlenden Teint.

BAKTERIEN

Die Menschheit befindet sich im ständigen Kampf gegen gefährliche Bakterien. Diese mikroskopisch kleinen Organismen gelangen über Nahrung, Wasser und Luft in unseren Körper, wo sie sich rasend schnell vermehren. Sie produzieren giftige Proteine, sogenannte Exotoxine. Ein Bakterium sondert diese Gifte ständig ab, sogar noch während seiner Vernichtung durch das Immunsystem. Bakteriengifte greifen die menschlichen Zellen an und behindern ihre Funktion oder zerstören sie komplett. Manchmal beschädigen Bakterien die äußere Zellmembran, sodass das Innere der Zelle austritt und ihre Proteinsynthese sowie die Signalübertragung an den Synapsen blockiert wird. Bakterielle Kampfstoffe wie Anthrax sind tödliche Gifte, die den Körper von innen heraus zerstören können. Auf den Seiten 152–153 erfahren Sie mehr über diese Biowaffe.

SYNTHETISCHE GIFTE

Im Labor hergestellte Gifte haben heute viele wichtige Anwendungsgebiete, etwa in der Landwirtschaft oder bei der Schädlingsbekämpfung. Diese Chemikalien, entwickelt zur Tötung von Insekten, Nagetieren, Pilzen und Unkraut, wurden jedoch auch häufig gegen Menschen eingesetzt. Aus normalen Chemiefabriken wurden Anlagen zur Produktion von Massenvernichtungswaffen gemacht. Das Rattengift Cyanid ist das vielleicht schrecklichste Beispiel der Geschichte. Das Pestizid Zyklon B bestand aus Blausäure (Hydrogencyanid), mit dem die Nazis in den Gaskammern der Konzentrationslager über eine Million Menschen ermordeten (Seiten 116–117).

Im 20. Jahrhundert wurde bei einem Anschlag auf die U-Bahn in Tokyo das Nervengift Sarin freigesetzt. Dieses noch recht neue Gift wurde speziell für den Einsatz als Kampfstoff entwickelt, genau wie Nowitschok. Letzteres Gift entstand während des Kalten Krieges in geheimen Labors der Sowjetunion, wurde aber erst 2018 einer breiten Öffentlichkeit bekannt (Seiten 166–171). Nowitschok und das radioaktive Element Polonium sind die Giftwaffen der Gegenwart und werden oft bei politisch motivierten Attentaten gewählt.

OBEN: Der Schwarze Tod, der Europa im 14. Jahrhundert heimsuchte, war eine Pandemie, die durch Pestbakterien verursacht wurde. Zwischen 25 und 40 Millionen Menschen fielen ihr zum Opfer.

OBEN: Zyklon B kam vorwiegend im KZ Auschwitz-Birkenau zum Einsatz. Durch Lüftungsschlitze gelangte das Giftgranulat in die Gaskammern, wo es die darin Gefangenen tötete.

Die Wissenschaft der Gifte

Vereinfacht gesagt ist ein Gift eine schädliche Substanz, deren Aufnahme einen Organismus krank macht oder tötet. Es gibt unzählige Gifte, die aus Pflanzen, Tieren oder den Elementen der Erdkruste gewonnen werden.

Einige andere Gifte wurden von Menschen entwickelt, entweder durch Zufall oder in streng geheimen Militärlabors. Gifte können Feststoffe, Flüssigkeiten, Gase, Dämpfe oder Aerosole sein. Der Aggregatzustand, die Dosis und die Darreichungsform eines Gifts bestimmen seine Aufnahme und seine Auswirkungen im Körper.

ARTEN DER AUFNAHME

Die Art, wie ein Gift aufgenommen wird, beeinflusst, wie schnell es wirkt, welche Bereiche des Körpers betroffen sind und wie hoch die Überlebenschance des Opfers ist. Ein Stoff kann auf vier verschiedenen Wegen in den Körper gelangen: durch Verschlucken, Einatmen, Absorption oder Injektion.

OBEN: Die Giftnattern und die Vipern sind die beiden größten Gruppen von Giftschlangen, deren Giftzähne vorn im Oberkiefer stehen.

Verschlucken: Gifte in fester Form werden vorwiegend oral aufgenommen. Da auch Nahrung auf diesem Wege transportiert wird, verfügt der Körper über einige natürliche Schutzmaßnahmen, um giftige Stoffe loszuwerden. Unlösliche Gifte werden einfach über den Darm wieder ausgeschieden. Lösliche Gifte können jedoch durch die Darmschleimhaut in den Blutkreislauf gelangen und von dort aus in die Leber und andere Organe, wo sie den meisten Schaden anrichten.

Einatmen: Giftige Dämpfe, Gase oder Aerosole werden vorwiegend über die Atemwege aufgenommen. Von der Lunge aus gelangen die Stoffe dann in den Blutkreislauf. Das ist eine schnelle und gefährliche Route, denn das Blut aus der Lunge fließt direkt zum Herz und von dort aus in den ganzen Körper. Eines der ersten Organe, die mit diesem Blut versorgt werden, ist das Gehirn, aber oft sind die chemischen Verbindungen in den Giften auf ein bestimmtes Organ ausgerichtet und schädigen vor allem dieses sogenannte Zielorgan.

Absorption: Flüssige Gifte, die über die Haut oder die Augen aufgenommen werden können, sind doppelt gefährlich: Ätzende Stoffe in den Giften können bei der Absorption durch die Haut das Gewebe zerstören, bevor sie in den Blutkreislauf und über diesen Weg in die Organe gelangen. Die Augen sind besonders empfindlich und können durch den Kontakt mit solchen Stoffen auch bleibenden Schaden nehmen.

Injektion: Besonders tödlich sind Gifte, die mithilfe einer Spritze oder über die Zähne eines Tieres in den Körper gelangen. Injektion ist neben dem Einatmen der schnellste Weg, auf dem ein Gift ins Blut gelangen kann. Auf diese Weise umgeht das Gift die natürlichen Abwehrmechanismen des Körpers. Schlangenbisse zerstören außerdem das Gewebe an der Bissstelle und blockieren die Wundheilung des Körpers.

REAKTION DES KÖRPERS

Wenn ein Gift in den Blutkreislauf gelangt, greift es die Zellen des Körpers an. Manche Gifte blockieren die Signalübertragung zwischen Nerven und Muskeln und bleiben außerhalb der Zellen. Die meisten Gifte dringen jedoch durch die äußere Zellmembran ins Innere der Zellen ein – manche durchstoßen sie einfach, andere docken mit Molekülen an der Zelle an und schleusen das Gift ein. Am gefährlichsten sind fettlösliche Gifte: Sie können die aus Fetten bestehende Membran an jeder Stelle durchdringen. Im Inneren der Zelle verursacht das Gift dann den größtmöglichen Schaden an den Grundfunktionen des Körpers, indem es die Synthese der DNA (der Träger der Erbinformation) und der RNA (die lebenswichtige Funktionen ausführt) blockiert – oder die Enzyme, die für die chemischen Reaktionen in der Zelle zuständig sind. Manche Gifte ähneln diesen Enzymen und können die Moleküle in der Zelle zerstören. Andere Gifte blockieren die Energieversorgung der Zelle, die daraufhin abstirbt, oder sie öffnen die Zellmembran, sodass Flüssigkeit eindringen kann, bis die Zelle platzt.

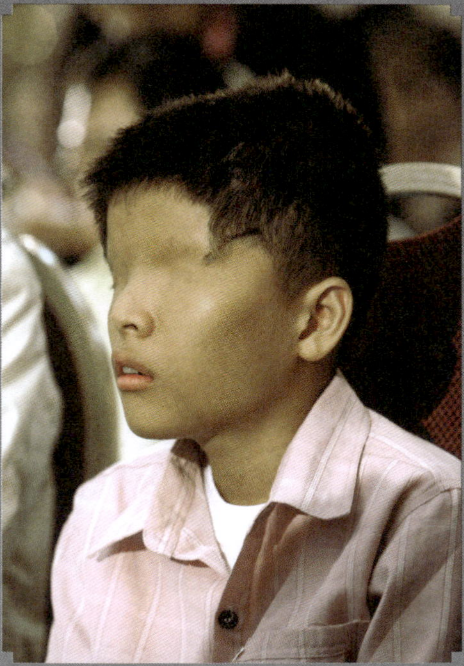

OBEN: Über 40 Jahre nach dem Vietnamkrieg kommen immer noch Kinder mit Geburtsfehlern auf die Welt – die Spätfolgen von Agent Orange. Das darin enthaltene Gift Dioxin belastet noch immer das Ökosystem des Landes.

AKUTE ODER CHRONISCHE WIRKUNG

Eine Vergiftung entsteht durch die akute oder chronische Belastung mit einer schädlichen Substanz. Unter einer akuten Toxizität versteht man die einmalige Aufnahme eines Gifts, oft in einer einzelnen Dosis. Bei einer chronischen Toxizität ist der Körper über einen längeren Zeitraum hinweg einem Gift ausgesetzt: Das können einige Tage oder mehrere Jahrzehnte sein. Die giftigen Bestandteile von Asbest können sich zum Beispiel 20 Jahre lang im Körper einlagern, bevor sich Symptome zeigen. Viele Gifte haben je nach Dosis eine akute und eine chronische Toxizität. Die Gesamtwirkung eines Gifts hängt von seiner Menge, der Aufnahmehäufigkeit und des Wirkungseintritts ab. In der Medizin spricht man von einer letalen (tödlichen) Dosis oder LD50, wenn eine Dosis des Gifts 50 Prozent der Lebewesen einer Versuchsgruppe töten würde.

Kapitel 1: Gifte in der Antike

Wann geschah der erste Giftmord der Geschichte? Wir wissen nicht, wer das Opfer war, aber archäologische Untersuchungen belegen, dass bereits in prähistorischer Zeit Speerspitzen und Pfeile mit Gift präpariert wurden.

Auf diese Weise konnte man ein großes Säugetier viel schneller zu Fall bringen als durch langwieriges Prügeln mit Äxten und Keulen. In Zeiten, in denen Fleisch knapp war, wurden die Gifte in pflanzlichen Wurzeln und Knollen durch Kochen unschädlich gemacht. Um das herauszufinden brauchte es allerdings zahlreiche Experimente. Viele unserer Vorfahren starben bei dem Versuch, unschädliche Speisen zuzubereiten.

Die Jäger und Sammler wurden schließlich sesshaft und ein neuer Bedarf an Giften entstand. Wenn Menschen auf engem Raum zusammenleben, verbreiten sich auch Ungeziefer und Krankheitserreger. Mit Rattengift behalf man sich gegen lästiges Getier. Wahrscheinlich dauerte es aber nicht lange, bis das tödliche Gift auch den Weg in den Kochtopf eines Rivalen, einer verfeindeten Familie oder eines treulosen Gatten fand.

Als sich die Dörfer zu Städten entwickelten, wurden Giftmorde schriftlich dokumentiert. Pflanzengifte wie Opium und Belladonna waren schon den alten Sumerern, Akkadern und Ägyptern bekannt. Als Gegenmittel wurde Essig gegeben, was auch heute noch gemacht wird. Der mythische Begründer der chinesischen Medizin, Shennong, experimentierte mit hunderten giftigen Pflanzen. Der Legende zufolge hatte er einen transparenten Körper, durch den er die Wirkung der Gifte beobachten konnte.

Das Wort „Toxin" stammt vom altgriechischen *toxikón* oder *toxikós*, was sich auf Giftpfeile bezog. In Homers *Odyssee* vergiftete Odysseus seine Pfeile mit Nieswurz, und in der *Ilias* bekämpften sich die Griechen und Trojaner gegenseitig mit vergifteten Pfeilen und Speeren. Die Odyssee stammt aus dem 8. Jahrhundert v. Chr. und bezeugt, dass Gifte in Griechenland bereits eine lange Tradition hatten.

Aber wie schon der römische Dichter Ovid anmerkte, lebten diese Männer in der Bronzezeit, einem barbarischen Zeitalter. Seine *Metamorphosen* aus dem 8. Jahrhundert n. Chr. berichten über Gift als Methode bei Familienmorden: „Männer trachten nach dem Tod ihrer Frauen, die Frauen nach dem Tod ihrer Männer. Mörderische Stiefmütter mischen tödliche Gifte, und Söhne hoffen auf das vorzeitige Ableben ihrer Väter."

Im römischen Reich gehörte das Meucheln von Familienangehörigen zum normalen Alltag, besonders unter den Adeligen. Man war nicht überrascht, als Nero seinen Stiefbruder und seine Mutter vergiftete – diese Methode hatte schließlich seine Mutter selbst bevorzugt angewandt.

Dieses Kapitel beginnt jedoch nicht in Rom, sondern bereits in der früheren, angeblich zivilisierteren Zeit der klassischen griechischen Antike. Im Zentrum stehen der Stadtstaat Athen und der berühmteste Philosoph des Altertums, Sokrates.

GEGENÜBER: Nach seiner Rückkehr aus dem Trojanischen Krieg tötete Homers Odysseus in Ithaka die Freier seiner Frau Penelope mit Giftpfeilen.

Sokrates und das Urteil

Im Jahr 399 v. Chr. stand der Philosoph Sokrates vor 500 athenischen Geschworenen. Er war angeklagt, „die vom Staate anerkannten Götter nicht anzuerkennen" und „die Jugend zu verderben".

Wurde er schuldig gesprochen, drohte ihm der Tod. Nach einem sechs Stunden dauernden Prozess wählten die Geschworenen, indem sie einen Stein für „schuldig" oder „nicht schuldig" in eine Urne legten. Das Urteil: 280 Stimmen plädierten für „schuldig", 220 für „nicht schuldig".

Die Geschworenen sollten die Strafe für Sokrates bestimmen. Seine Ankläger forderten die Todesstrafe. Als Sokrates selbst um seine Meinung gefragt wurde, schlug er dreist vor, dass er für den Rest seines Lebens eine staatliche Entlohnung und kostenlose Speisung erhalten sollte. Sein zweites Angebot war, dass er eine geringe Geldstrafe bezahlen würde.

Die Athener hatten von Sokrates nichts anderes erwartet; er war im Stadtstaat verhasst. Seinem Schüler und Biografen Platon zufolge war er zur „Stechfliege" Athens geworden, nachdem das Orakel von Delphi entschieden hatte, dass niemand weiser als Sokrates sei. Und Sokrates machte seinem Ruf als Quälgeist alle Ehre: Mit seiner Kritik an der in Athen erfundenen Demokratie verärgerte er die *Polis*, den Staatenverband, und mit seiner sokratischen Methode der Erkenntnisgewinnung beschämte er Personen, die er als unwissend darstellte. Außerdem pflegte er angeblich Verbindungen zu den „dreißig Tyrannen", die in Athen kurzfristig die Macht an sich gerissen hatten.

GEGENÜBER: Jacques-Louis Davids Gemälde Der Tod des Sokrates *aus dem Jahr 1787 zeigt den Kontrast zwischen den trauernden Anhängern des verurteilten Philosophen und dessen stoischem Gleichmut. Der 70-jährige Sokrates sieht hier noch etwas kräftiger und attraktiver aus, als ihn die Statuen aus der Antike darstellen.*

Nun erhielt Sokrates die Quittung. Er wurde zum Tod durch den Schierlingsbecher verurteilt. Platon war bei der Hinrichtung nicht anwesend, aber in seinem Werk *Phaidon* lässt er Augenzeugen darüber berichten. Nachdem Sokrates das Gift getrunken hatte, geschah Folgendes:

„Sokrates ging umher, bis seine Beine schwer wurden und er sich auf Anraten des Dieners auf den Rücken legte. Der Diener berührte ihn und untersuchte seine Füße und Beine. Er drückte einen Fuß ganz fest und fragte Sokrates, ob er etwas spüre. Sokrates sagte: nein. Auch an den Beinen spürte er nichts mehr und wurde kalt und steif. Der Diener berührte ihn ein letztes Mal und sagte, wenn das Gift das Herz erreichte, träte der Tod ein. Als die Kälte zu seinem Rumpf vorgedrungen war, enthüllte Sokrates seinen Kopf (den er bedeckt hatte) und sprach seine letzten Worte: ‚Kriton, wir schulden Asklepios noch einen Hahn. Bezahle ihn. Vergiss es nicht.' … Nach einer Weile regte er sich leicht und der Diener untersuchte seine Augen. Da sah Kriton, dass Sokrates tot war, und schloss seinen Mund und seine Lider."

Und damit endet der Bericht über einen der bekanntesten Vergiftungsfälle der Geschichte, und das Leben des Sokrates, dem Begründer der westlichen Philosophie.

Schierling

*Der Gefleckte Schierling (*Conium maculatum*) enthält das Nervengift Coniin, eine flüchtige Verbindung, die das zentrale Nervensystem des Menschen schädigt. Weitere Namen für den Schierling sind unter anderem Hundspetersilie, Wüterich und Tollkraut.*

ALLGEMEINES:

Der Gefleckte Schierling ist eine leuchtend grüne Pflanze mit einem oft violett gefleckten Stängel. Er wird ungefähr 2,5 Meter hoch und trägt im Frühjahr weiße Blüten. Er ähnelt ungiftigen Gewächsen wie der Petersilie oder der Karotte, aber alle Teile der Pflanze – unter anderem die Samen, Blüten, Blätter und Früchte – enthalten das giftige Alkaloid Coniin, das bereits in kleinen Mengen tödlich sein kann. Die Symptome treten etwa 30 Minuten nach der Einnahme auf. Es kann auch zu einer Sekundärvergiftung kommen: Konsumiert ein Mensch das Fleisch einer Wachtel, die zuvor Schierlingssamen gefressen hat, können nach drei Stunden Durchfall, Erbrechen und Lähmungserscheinungen auftreten. Im antiken Griechenland war der Schierling das Gift der Wahl für Suizide und Hinrichtungen. Auch der Philosoph Sokrates starb durch dieses Gift (Seite 19). Der Verzehr der Pflanze verursacht heftige Krampfanfälle, was nicht zum überlieferten sanften Tod des Sokrates passt. Man vermutet, dass der Schierlingsbecher des Philosophen zusätzlich ein Beruhigungsmittel, vielleicht Opium, enthalten hatte. Jedenfalls erzeugte das Gift eine Taubheit, die sich von den Gliedmaßen in den Rumpf ausbreitete, bis der Atemstillstand eintrat.

GIFTWIRKUNG:

Das Alkaloid Coniin, das im Schierling enthalten ist, ähnelt in seiner Struktur dem Nikotin: Es aktiviert die nikotinischen Acetylcholinrezeptoren und beeinträchtigt dadurch die Funktion des zentralen Nervensystems sowie die Signalübertragung zu den Muskeln. Es kommt zu einer Lähmung der Atmungsorgane und der anschließenden Sauerstoffunterversorgung von Herz und Gehirn. Da Coniin in jedem Teil des Schierlings vorkommt, kann es schon ausreichen, die Pflanze zu berühren, um eine Hautreaktion hervorzurufen. Eine Schierlingsvergiftung führt zu einem qualvollen Tod und verläuft nicht so friedlich, wie es uns die alten Griechen überliefert haben.

*GEGENÜBER: Eine botanische Illustration des giftigen Schierlings (*Conium maculatum*).*

SYMPTOME:

Die ersten Anzeichen der Schierlingsvergiftung sind oft Zittern, Magenschmerzen, vermehrter Speichelfluss, Muskelschwäche, erhöhter Puls und Sprachverlust, später folgen Krämpfe, Lähmungen, Funktionsstörungen des Nervensystems, Lungenversagen, Atemnot, Erblinden, Koma und schließlich der Tod.

BEHANDLUNG:

Gegen das Schierlingsgift gibt es kein Gegenmittel, aber ein Auspumpen des Magens kurz nach der Einnahme kann die schlimmsten Symptome verhindern. Gegen die Krämpfe hilft der Wirkstoff Diazepam.

BERÜHMTE VERGIFTUNGSFÄLLE:

- Im Jahr 2006 ahmte ein Gärtner aus England den Tod des Sokrates nach und konsumierte die Blätter von Schierlingspflanzen, die auf seinem Grundstück wuchsen. Seine Leiche wurde eine Woche später gefunden. Die Obduktion ergab eine Lähmung der Atemwege und des Nervensystems. Seine Halsmuskulatur war zu über 70 Prozent erstarrt, sodass der Mann erstickte.

Der Tod der Kleopatra

Kleopatras Niederlage in der Seeschlacht von Actium im Jahr 31 v. Chr. war für die letzte ägyptische Königin der Anfang vom Ende – und ein Sieg für den ersten römischen Kaiser Octavian.

Kleopatra wusste, dass sie nicht mehr gewinnen konnte und floh mit ihrem Flaggschiff. Der römische Feldherr Marcus Antonius, Liebhaber und Verbündeter der Königin, segelte ihr pflichtbewusst hinterher. Ihr Schicksal als berühmtestes Selbstmordpaar der Geschichte war besiegelt.

Nach der Schlacht blieb den beiden nichts anderes übrig, als in die ägyptische Hauptstadt Alexandria zurückzukehren und sich im Palast verschanzt auf das Unvermeidliche vorzubereiten. Die finale Niederlage des Antonius war das Einzige, was noch zwischen Octavian und seiner Alleinherrschaft über Rom stand. Kleopatra war für Octavian ein willkommener Sündenbock im Krieg gegen Antonius gewesen. In Rom verleumdete man sie als orientalische Hure, die Julius Caesars Vertrauten Antonius angeblich verführt und gegen seinen früheren Verbündeten Octavian, den Erben Caesars, aufgehetzt hatte.

OBEN: Der Biss der Uräusschlange oder Ägyptischen Kobra enthält genügend Gift, um einen Elefanten in weniger als drei Stunden zu töten.

Antonius und Kleopatra hatten alles auf einen Sieg bei Actium gesetzt, aber nun holte Octavian zum Gnadenstoß aus. Antonius versammelte seine verbleibenden Mitstreiter und versuchte, den heranrückenden Octavian zu einer Verhandlung zu bewegen, erhielt jedoch keine Antwort. Auch Kleopatra versuchte es diplomatisch, nachdem ihre letzten Schiffe im Hafen von Alexandria verbrannt worden waren. Eine Flucht war nicht mehr möglich. Sie entsandte ihre Boten mit Geschenken zu Octavian und flehte ihn an, Antonius und sie unversehrt in Ägypten leben zu lassen. Außerdem verlangte sie, dass ihre Dynastie durch ihre Kinder aus ihren Beziehungen mit Antonius und Caesar fortgeführt werden durfte.

Weitere Botschaften wurden überbracht. Ein Gesandter Octavians sagte ihr, dass es kein Abkommen geben würde, solange Antonius noch lebte. Es lag also bei ihr, ihn zu töten. Antonius ließ den Mann daraufhin auspeitschen und schickte ihn ohne Antwort zu Octavian zurück. Kleopatra erkannte, dass Antonius eine Schwachstelle war, und dachte an Selbstmord. Dieser Ausweg war auch schon nach Actium in Betracht gezogen worden, als Antonius sich aus Verzweiflung das Leben nehmen wollte.

Kleopatra war von Giften fasziniert und kannte deren Wirkung. Sie experimentierte mit verschiedenen Giften aus Tieren und Pflanzen an Gefangenen, die zum Tode verurteilt waren. Dem römischen Historiker Plutarch zufolge hatte Kleopatra herausgefunden, dass „der Biss einer Kobra eine dumpfe Starre und Müdigkeit hervorrief, ohne Zuckungen und Wehklagen, nur sanfter Schweiß auf dem Gesicht, während die Sinne entspannten und das Bewusstsein dahinschwand … wie bei einem tiefen Schlaf."

Nach einer letzten Schlacht gegen Octavian vor den Toren Alexandrias, die am 1. August 30 v. Chr. endete, kapitulierten die Soldaten des Antonius. Als Kleopatra von der Niederlage erfuhr, schloss sie sich in ihrem Mausoleum ein. Ein Bote überbrachte Antonius die Nachricht von ihrem Suizid. Daraufhin stürzte sich Antonius in sein Schwert – der traditionelle Selbstmord gescheiterter römischer Generäle.

Kleopatra war aber noch nicht tot, sie versuchte nur, Zeit zu gewinnen, um sich selbst und Ägypten vielleicht doch noch zu retten. Ihre letzten Stunden waren jedoch von Aussichtslosigkeit geprägt: Octavians Soldaten waren in den Palast eingedrungen und hatten die Kinder der Königin gefangen genommen. Als sich die beiden Herrscher schließlich gegenüberstanden, sagte Kleopatra sofort, dass sie sich nicht auf Octavians Triumphzug durch Rom vorführen lassen würde. Octavian machte ihr aber keine falschen Hoffnungen. Kurz danach verbreitete sich das Gerücht, dass Octavian Kleopatra und ihre Kinder in Ketten gelegt mit nach Rom nehmen wolle. Damit wurden Kleopatras schlimmste Befürchtungen bestätigt und sie plante ihren Selbstmord.

Zweifellos ist, dass Kleopatra dann starb, aber die Todesart ist bis heute umstritten. Die bekannteste Version ist jene, die auch durch Shakespeares Stück *Antonius und Cleopatra* verbreitet wurde. Darin legt die Königin zwei Kobras an ihre Brust und stirbt kurz darauf an den Giftbissen der Schlangen. Dem römischen Schriftsteller Sueton zufolge wurden auch Kleopatras Dienerinnen von den Schlangen gebissen, bevor sie die Krone und Kleidung der Königin zurechtrückten und ebenfalls starben.

In Plutarchs Bericht stürzt Octavian in das Mausoleum und fragt zornig: „War das von eurer Dame wohlgetan?" Eine Dienerin, die kaum noch ihren Kopf heben konnte, sagte: „Äußerst wohlgetan, wie es der Nachkommen so vieler Könige gebührt." Dann folgte sie ihrer Herrin in den Tod. Octavian, der sich schon bald Augustus, *princeps* (erster Bürger) von Rom nennen würde, konnte Kleopatra nun nicht mehr auf seinem Triumphzug vorführen. Diese öffentliche Demütigung, die viele der von Rom besiegten Herrscher ertragen mussten, blieb der Königin erspart.

EIN RÄTSELHAFTER TODESFALL

Hatte sich Kleopatra selbst durch einen Schlangenbiss vergiftet? Diese Frage wird noch heute heiß diskutiert. Plutarch, Dio, Sueton, Plinius und später Shakespeare schrieben über ihren Selbstmord. Heute vermutet man, dass es sich bei der erwähnten Schlange um eine Ägyptische Kobra (*Naja haje*) handelte. Die Kobra ist ein altes Symbol der ägyptischen Göttin Isis, das auch den Kopfschmuck der Pharaonen zierte. Verschiedenen Texten zufolge wurden die Schlangen in einem Korb Feigen zu Kleopatra gebracht, oder die Feigen selbst waren vergiftet, oder Kleopatras Leiche wies zwei punktförmige Einstiche auf und das Gift gelangte über einen vergifteten Kamm oder die Nadel einer Brosche in den Körper. In einer Version schmierte sich Kleopatra mit einer Giftsalbe ein, in einer anderen biss sie sich selbst in den Arm und rieb das Gift in die Wunde.

Eine neuere Studie argumentiert gegen den Tod durch das Gift der Kobra. Dieser führe nicht immer zum Tod, aber wenn doch, stirbt das Opfer lang und qualvoll, oft mit verzerrtem Gesicht und weit aufgerissenen Augen. Der Tod der Königin wäre also alles andere als ein friedliches Einschlafen gewesen. Die Autoren widerlegen auch Plutarchs Aussage, dass Kleopatra den Kobrabiss für einen schmerzlosen Tod gehalten hatte. Sie wusste genug über Gifte, um eine angenehmere Methode zu wählen. Darum vermutet man heute, dass sie einen Giftcocktail aus Opium, Eisenhut und Schierling getrunken hatte. Manche glauben auch, dass Octavian Kleopatra ermordete und das Gerücht mit dem Kobrabiss in die Welt setzte, da es gut zur Schlangensymbolik der ägyptischen Mythologie passte. Aber die genauen Umstände des Todes werden wohl immer ein Rätsel bleiben.

OBEN: Jean André Rixens Gemälde Der Tod der Kleopatra *aus dem Jahr 1874 beflügelte den Mythos des friedlichen Todes der schönen Königin.*

Mithridates' Angst vor Giften

König Mithridates von Pontos fürchtete sich davor, vergiftet zu werden – und das aus gutem Grund. Sein Vater wurde bei einem Bankett vergiftet, seine Mutter plante seine Ermordung und er war ein Feind der berühmtesten Giftmörder der Antike: der Römer.

Um diesen Bedrohungen zu entkommen, verließ der junge Mithridates den königlichen Hof und lebte in der Wildnis. Außerdem konsumierte er regelmäßig verschiedene Gifte in geringen Dosen, um sich gegen möglichst viele dieser Stoffe zu immunisieren.

Im Jahr 115 v. Chr. kehrte Mithridates in die Hauptstadt Pontus im Norden Anatoliens zurück und räumte am Königshof auf: Er ließ seine Mutter hinrichten, warf seinen Bruder in den Kerker und krönte sich selbst zum König. Er versprach, die Bürger zu befreien und das Königreich um das Zehnfache auszudehnen. Sein Auftreten war überzeugend. Mithridates war als energischer, kräftiger Mann aus seinem Exil zurückgekehrt. Der römische Historiker Plinius der Ältere bezeichnete ihn außerdem als einen „brillanten Geist" und „gewissenhaften Schüler der Medizin, der über all seine Untertanen detaillierte Informationen sammelte".

Hinter diesem Wissensdrang stand der Wunsch nach Selbstschutz: Mithridates ließ Ärzte, Wissenschaftler und skythische Schamanen an einem Universalheilmittel gegen alle bekannten Gifte forschen. Zusammen mit dem Botaniker Krateuas züchtete er seine eigenen Giftpflanzen, und er stand im Briefwechsel mit Zopyros, dem Leibarzt des ägyptischen Königs Ptolemäus, mit dem er sich über bekannte Gegengifte austauschte.

Mithridates testete Gifte und mögliche Gegenmittel an verurteilten Verbrechern. Für sich selbst entwickelte er ein Mittel, das er *Mithridatikum* nannte: Eine Paste aus verschiedenen Drogen, Arzneien und Giften, in Honig gelöst. Plinius zufolge wollte Mithridates dann täglich zuerst die Gegenmittel, dann die Gifte konsumieren, in der Hoffnung, durch diese Gewohnheit immun zu werden.

Während sich der König gegen das Vergiften wappnete, führte er einen Expansionskrieg gegen die Nachbarreiche. Er besiegte die Skythen im Norden und die Sarmaten im Westen und schloss in Armenien ein Bündnis durch Heirat. Doch als er mit den Armeniern in Kappadokien einmarschierte, reagierten die Römer auf diesen Angriff auf ihren Verbündeten und auf die Expansionspolitik des Mithridates, die an das Machtstreben des Dareios I. von Persien und Alexander des Großen erinnerte.

Nachdem die Römer versuchten, Pontos einzunehmen, massakrierte Mithridates auf einem Plünderzug durch die Städte Anatoliens über 80.000 römische Bürger. Rom dürstete nach Vergeltung, doch selbst dem erfahrenen Feldherrn Sulla gelang es nicht, Mithridates zu besiegen. Er war gezwungen, zu verhandeln. Während sich Sullas Legionäre zurückzogen, stellte Mithridates eine Armee zusammen, die es mit der Macht der Römer aufnehmen konnte. Aber dieser Konflikt sollte das Ende für ihn und sein Königreich bedeuten.

Zuerst aber folgten der zweite und dritte Mithridatische Krieg gegen Rom. Die Republik konnte einige Siege verzeichnen, doch Mithridates schlug mit gleicher Kraft zurück. Er plünderte den Tempel von Delphi und schloss Bündnisse mit den kilikischen Piraten, der ptolemäischen Dynastie Ägyptens und kurzfristig auch mit Spartacus, dem Anführer des Sklavenaufstands. Eine Zeit lang sah es aus, als könne Mithridates die Kulturen Kleinasiens zu einem hellenistischen Reich vereinen. Aber er hatte nicht mit innerfamiliärem Verrat und dem gerissenen römischen Feldherrn Gnaeus Pompeius gerechnet. Pompeius vernichtete die Mitstreiter des Mithridates, selbst die Piraten, und verbündete sich mit potenziellen Feinden – darunter Mithridates' Sohn Machares.

GEGENÜBER: Eine Büste des Mithridates, der einen Löwenkopf als Helm trägt.

Daraufhin ermordete Mithridates Machares, zuvor jedoch hatte sich bereits sein anderer Sohn, Pharnakes, den Römern angeschlossen. Pompeius' Legionäre rückten immer näher und Mithridates verschanzte sich mit seinen beiden jungen Töchtern in einer seiner Festungen. Er wollte nicht auf einem Triumphzug durch Rom vorgeführt werden. Lieber nahm er sich das Leben. Appian beschreibt in seiner *Römischen Geschichte*, dass Mithridates aus einem Gift, das er immer bei sich trug, einen Trank bereitete. Seine Töchter bestanden darauf, zuerst davon zu trinken:

„Das Gift wirkte bei ihnen sofort, aber auf Mithridates, der herumging, um den Eintritt der Wirkung zu beschleunigen, hatte es keinen Einfluss, da er durch die vorbeugende Einnahme von anderen Arzneistoffen eine Resistenz entwickelt hatte. Diese Stoffe werden noch heute Mithridatische Gifte genannt."

Da Mithridates sein ganzes Leben lang geringe Dosen von Giften eingenommen hatte, war er immun gegen das Gift, mit dem er sich töten wollte. Der Suizid gelang ihm dennoch: Er bat einen gallischen Leibwächter, ein Schwert in ihn zu stoßen, und er starb an Ort und Stelle. Im selben Jahr, 63 v. Chr., annektierte Pompeius die Stadt Pontos und ließ Mithridates' verbleibende Kinder, Frauen, Geliebte und Schwestern ermorden. Die Dynastie war erloschen.

DAS MITHRIDATISCHE GEGENGIFT

Die Rezeptur für das mithridatische Gegengift, das *Mithridatikum*, soll unter den persönlichen Gegenständen des Mithridates gefunden und an Pompeius übergeben worden sein. Laut Plinius dem Älteren enthielt das *Mithridatikum* über 54 verschiedene Zutaten, zu denen Walnüsse, Feigen, Rautenblätter, Opium, Myrrhe und das Bibersekret Castoreum gehörten. Plinius schreibt auch, dass Mithridates das Blut von Enten, die Giftpflanzen fraßen, getrunken hatte. Später entwickelten Andromachos, der Leibarzt Neros, und Galen, der Arzt Mark Aurels, verbesserte Versionen des *Mithridatikums*, um ihre Kaiser vor dem Giftmord zu schützen – was unter den Patriziern kein seltener Tod war. Eines dieser Gegenmittel, das Nero täglich konsumiert haben soll, bestand aus 57 Zutaten, unter anderem aus Vipernfleisch. Auch arabische Gelehrte interessierten sich für solche Universal-Gegengifte. Im Europa des Mittelalters schützten einige dieser Mischungen angeblich auch vor der Pest. Zur Zeit der Renaissance boomte das Geschäft mit den Gegenmitteln. Sehr beliebt war der „Venezianische Theriak", der in kunstvoll verzierten Glaskrügen verkauft wurde. Ärmere Apotheker boten auch eine billigere Variante in schlichten Behältern an. Wirkte das Gegenmittel nicht, beschuldigte man den Apotheker, minderwertige Zutaten verwendet zu haben. Später wurde die Zubereitung der Mischungen von Stadtbeamten beaufsichtigt. Aus dieser Praktik entwickelte sich schließlich die Regulation von Arzneimitteln. Natürlich konnte man auch damals schon Produkte auf dem Schwarzmarkt kaufen. Die Erfindung der Druckerpresse führte dazu, dass standardisierte Zutatenlisten verbreitet werden konnten. Im Jahr 1618 erschien das offizielle Rezept für das *Mithridatikum* im Arzneibuch *London Pharmacopoeia*. Zu dieser Zeit wuchs aber auch die Skepsis am Nutzen von Mitteln, die aus vielen Zutaten bestanden. Im 19. Jahrhundert war das *Mithridatikum* bereits aus der Mode gekommen.

LINKS: Ein Krug für das Mithridatikum.

OBEN: Während die römischen Legionäre die Festung stürmen, nimmt sich Mithridates das Leben. Da er gegen sein eigenes Gift immun ist, versetzt ihm sein Leibwächter den Gnadenstoß.

Belladonna

Die Schwarze Tollkirsche *Atropa belladonna* ist ein Nachtschattengewächs (Familie Solanaceae) und ist auch unter den Volksnamen Teufelskraut, Wutbeere oder Schlafkirsche bekannt.

ALLGEMEINES:

Die Schwarze Tollkirsche ist eine hohe Pflanze, deren glänzende schwarze Beeren oft für essbare Früchte gehalten werden. Sie enthält jedoch die hochgiftigen Alkaloide Hyoscyamin, Scopolamin und Atropin. Schon das Berühren der Blätter kann einen Hautausschlag hervorrufen. Zur Herstellung des Belladonna-Gifts werden die Blätter, Wurzeln und Beeren der Tollkirsche verwendet. Bereits in der Steinzeit vergifteten die Jäger und Sammler damit die Spitzen ihrer Speere und Pfeile. Im Mittelalter rieben sich Hexen mit einer Mischung aus Belladonna und Bärenfett ein, um Halluzinationen und das Gefühl des Fliegens zu erzeugen. Auch zur Zeit der Renaissance war Belladonna beliebt und soll das Gift gewesen sein, mit dem Julia in Shakespeares *Romeo und Julia* ihren Tod vorgetäuscht haben soll. Während dieser Zeit verwendeten modebewusste Italienerinnen Augentropfen mit Belladonna, um ihre Pupillen zu erweitern und große „Kulleraugen“ zu bekommen. Von dieser Praktik stammt auch der Name Belladonna, der im Italienischen „schöne Frau“ bedeutet.

GIFTWIRKUNG:

Der Hauptwirkstoff des Tollkirschengifts ist Atropin, ein starkes Anticholinergikum, das die Wirkung von Acetylcholin im Körper blockiert. Acetylcholin ist ein Neurotransmitter, der Signale zwischen dem zentralen Nervensystem und den Zellen überträgt. Atropin beeinflusst jenen Teil des Nervensystems, der das Herz-Kreislauf- und das Verdauungssystem reguliert. In geringen Dosen kann Belladonna daher zur Behandlung von Magenkrämpfen und niedrigem Blutdruck eingesetzt werden. Eine größere Dosis bedeutet jedoch Lebensgefahr. Schon eine einzige Beere der Schwarzen Tollkirsche kann tödlich sein, auch wenn manche Personen den Konsum von mehr als einem Gramm des Gifts überlebt haben.

SYMPTOME:

Die Vergiftungssymptome treten bereits nach einigen Minuten auf und können über zehn Stunden, in manchen Fällen sogar tagelang anhalten. Die ersten Anzeichen sind Trockenheit in Mund und Kehle, erweiterte Pupillen, Übelkeit und Erbrechen. Wird die Vergiftung nicht behandelt, können Halluzinationen, Delirium, Torkeln und Benommenheit auftreten. In schweren Fällen rötet sich das Gesicht des Opfers, der Atem wird unregelmäßig und die Gliedmaßen werden kalt. Bevor der Tod eintritt, fällt der Vergiftete ins Koma, der Puls ist schnell und unregelmäßig.

BEHANDLUNG:

Das Alkaloid Physostigmin ist das Antidot bei einer Vergiftung mit Belladonna. Es wirkt, indem es die Konzentration von Acetylcholin im Körper erhöht.

BERÜHMTE VERGIFTUNGSFÄLLE:

- Nero vergiftete im Jahr 55 seinen Halbbruder Britannicus mit einer Belladonna-Tinktur, die ihm die Giftmischerin Locusta (siehe Seiten 33–34) zubereitet hatte.
- Die Schweizer Krankenschwester Marie Jeanneret ermordete 1868 sieben Patienten mit Belladonna. Sie war von dem Gift besessen und hatte damit bereits an sich selbst experimentiert.
- Im 11. Jahrhundert tötete der schottische König Duncan I. die Armee des Vikingers Svein Knutsson, indem er den Soldaten vergifteten Alkohol zukommen ließ.

*GEGENÜBER: Die Schwarze Tollkirsche (*Atropa belladonna*).*

Agrippina und Nero: Mord in der Familie

Eine der berühmtesten Giftmischerinnen im antiken Rom war Agrippina, die Frau des Kaisers Claudius und die Mutter Neros. Die schöne, mörderische Agrippina hatte Claudius verführt und geheiratet, nachdem sie all ihre Rivalen und vermutlich auch ihren früheren Ehemann aus dem Weg geräumt hatte.

Als Kaisergattin ebnete Agrippina ihrem Sohn Nero den Weg auf den Thron – und zwar mithilfe von Gift.

Agrippina hatte nicht viel für Claudius übrig, aber der Kaiser versetzte Berge, um sie zu heiraten. Zuerst ließ er seine Frau Messalina hinrichten und änderte ein Gesetz, das die Ehe zwischen Verwandten verbot: Agrippina war nämlich die Nichte des Claudius. Nach der Hochzeit räumte Agrippina alle Widersacher aus dem Weg, vor allem die Getreuen der Messalina. Letztere hatte zum Leidwesen der Agrippina einen Sohn mit Claudius: Britannicus, der rechtmäßige Thronfolger.

Agrippina überzeugte Claudius, Nero (damals noch Lucius) zu adoptieren. Claudius hielt diese Übereinkunft jedoch nicht ein und bereute es, Agrippina geheiratet zu haben. Als er begann, Britannicus auf die Thronfolge vorzubereiten, wandte sich Agrippina an ihre bevorzugte Giftmischerin, eine Gallierin namens Locusta. Zu jener Zeit saß Locusta gerade wegen Giftmord im Kerker ein, doch Agrippina versprach ihr die Freiheit, wenn sie beim Mord an Claudius half.

Der Plan war einfach: Agrippina wollte Claudius betrunken machen, damit er unvorsichtig wurde, und ihm dann ein Pilzgericht, seine Leibspeise, vorsetzen. Locusta sollte dafür sorgen, dass Claudius' Diener und Vorkoster verhindert war und Claudius die Abwesenheit dessen aufgrund seiner Trunkenheit übersehen würde.

Der Plan ging auf. Claudius verschlang die Pilze und wurde schon bald von Magenschmerzen geplagt. Darauf folgten Krämpfe und Schweißausbrüche. Er wand sich nach Luft ringend auf dem Boden. Die Symptome sind typisch für eine Vergiftung durch Fliegenpilz (Seite 11); vielleicht war sein Pilzgericht damit gestreckt gewesen. Ein herbeigerufener Arzt steckte Claudius eine Feder in den Hals, um den Kaiser zum Erbrechen zu bringen.

Locusta war jedoch einen Schritt voraus und hatte die Feder zuvor mit Gift getränkt. Die Pilze selbst waren nur ein Täuschungsmanöver gewesen – den eigentlichen Todesschlag versetzte dem Kaiser das Gift auf der Feder. Claudius war tot und Nero wurde zum Kaiser ausgerufen, aber jeder wusste, wie es zu dieser Thronfolge gekommen war. Angeblich hatten die Senatoren spöttisch gelacht, als Nero beim Begräbnis des Claudius eine Lobrede auf den Verstorbenen hielt.

Falls sich Locusta Anerkennung und Lohn für ihre giftige Arbeit erhofft hatte, wurde sie enttäuscht. Agrippina machte sie zum Sündenbock und verurteilte sie zum Tode. Aber Nero, der seinen Rivalen, den Stiefbruder Britannicus, loswerden wollte, hatte noch einen Nutzen für Locusta. Außerdem missbilligte seine Mutter Neros Affäre mit der Plebejerin Claudia Acte so sehr, dass sie nun Britannicus' Anspruch auf den Thron unterstützte. Nero hielt es daher für das Beste, Britannicus mit Locustas Hilfe zu beseitigen, um seine Position zu sichern.

GEGENÜBER: Das Gemälde von Joseph-Noel Sylvestre zeigt Locusta, die ein Gift an einem Sklaven testet.

Locusta wurde erneut aus dem Kerker geholt und ersann den Plan, Britannicus bei einem Festmahl zu vergiften. Dort reichte man ihm Wein, der mit heißem Wasser verdünnt wurde, wie es damals Brauch war. Sein Vorkoster probierte den Wein – aber nicht das kalte Wasser, das Britannicus hinzugoss, um den Wein abzukühlen. Dieses Wasser war von Locusta vergiftet worden.

Der römische Geschichtsschreiber Tacitus berichtet, dass Britannicus zu Boden fiel und sich an den Hals griff. Einige Gäste standen auf und verließen das Fest, andere saßen wie versteinert da und starrten Nero an. Ganz ruhig verkündete Nero, dass es sich nur um einen epileptischen Anfall handle und die Gäste doch weiteressen mögen. Neros Mutter traf der Schock in diesem Moment jedoch wie ein Blitz. Tacitus schreibt:

„Agrippina war, trotz ihrer beherrschten Gesichtszüge, von einem solchen Schrecken und einer geistigen Qual ergriffen, die offenbarte, dass sie, ebenso wie die Schwester des Prinzen, Octavia, von diesem Vorfall völlig überrascht wurde. Sie erkannte, dass ihre letzte Hoffnung dahinschwand – und ein Präzedenzfall für den Muttermord geschaffen wurde."

Auf Neros Geheiß wurde das Festmahl fortgesetzt. Britannicus, der in seine Gemächer gebracht wurde, erlag wenige Stunden später dem Gift. Neros Botschaft an Agrippina war klar und deutlich: Niemand war vor dem Kaiser sicher. Und nun, da Britannicus unschädlich gemacht worden war, richtete sich Neros Mordlust gegen andere Familienmitglieder, vor allem gegen seine Mutter.

Zuerst entzog er ihr sämtliche Privilegien und Befugnisse und verbannte sie aus dem Königspalast ins Exil. Dann befahl er Locusta, Agrippina bei mehreren Festmählern zu vergiften. Dreimal scheiterte das Vorhaben, da Agrippina vor ihrer Ankunft einige Gegenmittel eingenommen hatte. Nach einem Mahl lieh Nero seiner Mutter ein präpariertes Boot, das auf ihrem Weg über den Golf von Neapel kenterte. Agrippina konnte jedoch ans Ufer schwimmen.

Schließlich ließ Nero seine Mutter erstechen. Man sagt, dass er danach ihre Leiche betrachtete und ihre schönen und weniger schönen Körperteile kommentierte. Tacitus zufolge hatten Astrologen Agrippina davor gewarnt, dass ihr Sohn den Thron besteigen und sie ermorden würde, worauf sie antwortete: „Soll er mich doch töten, falls er wirklich Kaiser wird."

GEGENÜBER: Eine Büste der Agrippina, Mutter und Mordopfer des Nero.

LOCUSTA

Laut zeitgenössischen Berichten der römischen Schreiber Sueton, Tacitus und Cassius hatte Locusta das Handwerk des Giftmischens in ihrer Heimat Gallien gelernt, bevor sie nach Rom zog. Man sagt, dass sie am liebsten Belladonna verwendete, aber bestimmt auch mit anderen Giften vertraut war. Nach ihrer Vergiftung des Britannicus war Nero von ihren Fähigkeiten so beeindruckt gewesen, dass er ihr half, eine Schule für andere Giftmischer zu gründen. Außerdem erhielt sie Geld und ein Stück Land, bevor sie im Jahr 69 von Neros Nachfolger Galba hingerichtet wurde. Locusta war nicht die einzige weibliche Giftmischerin im antiken Rom. Canidia und Martina waren zwei weitere berüchtigte Damen. Canidia spezialisierte sich dem Dichter Horaz zufolge auf eine Honig-Schierling-Mischung und war so stark, dass sie ein Lamm mit ihren Zähnen zerreißen konnte. Martina hatte angeblich Germanicus, den Neffen und Adoptivsohn des Tiberius, vergiftet. Wäre er nicht ermordet worden, hätte er den Kaiserthron bestiegen – so war es Caligula, der Kaiser wurde. Um für die Tat nicht bestraft zu werden, vergiftete sich Martina selbst. Das Gift kam aus einem Fläschchen, das in ihr Haar geknotet war. Wer den Mord an Germanicus befohlen hatte ist unbekannt.

Eisenhut

Aconitin ist ein giftiges Alkaloid und der Hauptwirkstoff in über 100 Arten der Pflanzengattung* Aconitum. *Die häufigste Art ist der Blaue Eisenhut (*Aconitum napellus*). Die Pflanze hat violette, helmförmige Blüten und dicke, knollige Wurzeln. Andere Namen für den Eisenhut sind Mönchskappe, Wolfswurz und Sturmhut.

ALLGEMEINES:

Der Blaue Eisenhut gilt als „Königin der Gifte". Jeder Teil dieser Pflanze ist hochgiftig. In der Mythologie wächst sie am Berg Akonitos, wo Herkules gegen Cerberus, den dreiköpfigen Hund des Hades, kämpfte. Der Speichel des Cerberus tropfte auf die Pflanze und vergiftete sie. Die Hexen des Mittelalters verwendeten den Eisenhut zusammen mit Tollkirsche und Bilsenkraut, um die Halluzination des Fliegens zu erzeugen (Seite 10). Schon damals war die Pflanze gefürchtet, da man glaubte, die Hexen könnten damit den Teufel beschwören. Shakespeare erwähnt den Eisenhut in zwei Werken: In *Romeo und Julia* nimmt sich Romeo durch das Gift des Eisenhuts das Leben, und in *Macbeth* verwenden die Hexen „Wolfszahn", was ein anderer Name für die Pflanze ist. Im Mittelalter vergiftete man Pfeile mit Eisenhut und schoss damit auf Wölfe. Die Wurzelknolle des Eisenhuts wird in der chinesischen und hinduistischen Medizin nach sorgfältiger Zubereitung als Arzneimittel verwendet, um Rheuma, Nervenschmerzen, Hexenschuss und Herzbeschwerden zu behandeln. Schon ein Teelöffel der unbehandelten Wurzel ist für einen Erwachsenen tödlich. Selbst das Berühren der Pflanze ist gefährlich.

GIFTWIRKUNG:

Das Gift des Eisenhuts erzeugt einen abnormalen Herzschlag, indem es den Transport von Natriumionen durch die Membran der Herzzellen beeinträchtigt. Das Gift bindet sich an die Membranpumpen und aktiviert sie dauerhaft. Wird die Vergiftung nicht behandelt, zieht sich das Herz zusammen und schlägt unregelmäßig. Es folgt eine Asystolie, die gefährlichste Form des Kreislaufstillstands, die meist nicht behoben werden kann. Nerven- und Muskelzellen, die durch Natriumkanäle arbeiten, sind häufig betroffen und es kommt zu Krampfanfällen. Bis der Tod eintritt, kann es wenige Minuten bis einige Tage dauern. Bereits ein paar Milligramm des Gifts – das Gewicht eines Sesamkorns – können einen Erwachsenen töten.

*GEGENÜBER: Der Blaue Eisenhut (*Aconitum napellus*).*

SYMPTOME:

Die Symptome der Eisenhutvergiftung treten rasch ein und beginnen mit einem Brennen oder Kribbeln an den Lippen und im Hals, gefolgt von einer vermehrten Speichelbildung, Übelkeit, Erbrechen, Sprachstörungen, Taubheit im Hals, Atemnot und Sehstörungen. Im weiteren Verlauf treten Schwindel, Muskelschwäche, Halluzinationen und Wahrnehmungsstörungen auf. Der Tod tritt meist nach einem schweren Kreislaufstillstand ein.

BEHANDLUNG:

Gegen eine Eisenhutvergiftung gibt es kein spezifisches Gegenmittel, sodass nur die Symptome behandelt werden. Gegen den niedrigen Blutdruck kann Atropin verabreicht werden, und Aktivkohle bindet die Giftstoffe im Verdauungstrakt. Der Herzschlag kann durch andere Medikamente stabilisiert werden. In extremen Fällen wird ein Bypass gelegt.

BERÜHMTE VERGIFTUNGSFÄLLE:

- Im Jahr 2009 vergiftete die Britin Lakhvir Singh (45) das Currygericht ihres Ex-Geliebten mit Eisenhut, damit er nicht seine jüngere Freundin heiraten konnte. Lakhvinder „Lucky" Cheema (39) starb einige Stunden nach dem Essen. Es war die erste Eisenhutvergiftung in Großbritannien seit 1882.
- Im Jahr 1882 wurde Dr. George Lamson hingerichtet, nachdem er seinen 18-jährigen Schwager Percy John aus Erbgründen mit einem durch Eisenhut vergifteten Früchtekuchen ermordet hatte.

Blei

Blei ist ein weiches, graues Metall, das in der Erdkruste vorkommt, aber auch in der Industrie entsteht, etwa im Bergbau, bei der Verbrennung von Erdöl und bei der Herstellung von Waren. Aufgrund seiner Weichheit ist es ein nützlicher Rohstoff, der bei Raumtemperatur verformt oder bearbeitet werden kann.

ALLGEMEINES:

Seit der Antike wird Blei für Rohre verwendet. Die Römer stellten daraus nicht nur Wasserleitungen, sondern auch Essgeschirr, etwa Teller und Tassen her. Auch für Schminke, Wand- und Haarfarben, Arzneimittel und Zahnfüllungen wurden Bleiverbindungen verwendet. Die Römer süßten ihren Wein sogar mit „Bleizucker". Da Blei im alten Rom so allgegenwärtig war, stellt sich die Frage, ob nicht ein großer Teil der Bevölkerung dadurch vergiftet war, besonders in der Patrizierklasse. Diese Adeligen litten unter geringer Fruchtbarkeit und chronischen Krankheiten, die zu den Symptomen einer Bleivergiftung passen. Auch in der jüngeren Vergangenheit war Blei noch ein Problem: Bis in die späten 1970er-Jahre war Blei ein Bestandteil vieler Farben. Besonders für Kinder ist Blei schädlich, da es das Wachstum von Knochen und Gehirn sowie die Funktion des Nervensystems beeinträchtigen kann.

GIFTWIRKUNG:

Eine Bleivergiftung entsteht oft schleichend: Kleine Mengen Blei lagern sich im Laufe der Zeit im Körper ein und erzeugen lange keine merklichen Symptome. Die Wirkung ist kumulativ und das Blei verbleibt bis zu 32 Jahre in den Knochen und bis zu sieben Jahre in der Niere. Das Blei einer chronischen Vergiftung kann aus unterschiedlichen Quellen stammen: aus Farben, Behältern, alten Batterien, Dachmaterial oder auch aus verschmutzter Luft, Erde oder Nahrung. Eine Bleibelastung führt mit der Zeit zu irreparablen Gehirnschäden, besonders bei Kindern. In höheren Dosen schädigt Blei die Nieren und das Nervensystem und führt zu Krampfanfällen, Bewusstlosigkeit und zum Tod.

GEGENÜBER: Ein Bleirohr aus dem alten Rom.

SYMPTOME:

Die ersten Anzeichen einer chronischen Bleivergiftung sind Reizbarkeit, Appetitverlust, Verstopfung, Niedergeschlagenheit, Bauchschmerzen, Erschöpfung, verminderte Libido, Schlaflosigkeit, Gedächtnisverlust sowie ein Schwächegefühl und Kribbeln in den Gliedmaßen, gefolgt von einer bläulichen Verfärbung des Zahnfleischs. Zu den Symptomen einer akuten Vergiftung gehören Erbrechen, Durchfall, ein metallischer Geschmack im Mund, Schock und verringertes Wasserlassen, dazu Muskelschwäche, Schmerzen, Kribbeln, Kopfschmerzen und Krämpfe, bis schließlich der Tod eintritt.

BEHANDLUNG:

Mit einem Bluttest kann die Bleikonzentration im Körper bestimmt werden, danach folgt die Gabe von Chelatbildnern, die das Blei über die Harnwege ausleiten. Bei schweren akuten Vergiftungen wird oft der Magen ausgepumpt.

BERÜHMTE VERGIFTUNGSFÄLLE:

- Im Jahr 1827 starb Beethoven im Alter von nur 56 Jahren. In seinen Knochen und Haaren fanden sich Spuren von Blei – die vermutete Ursache seines Todes. Beethoven war einen Großteil seines Lebens krank, er war jähzornig und litt unter Depressionen: Symptome einer Bleivergiftung. Er suchte viele Ärzte auf, fand aber keine Hilfe. Er bestand darauf, dass sein Körper nach seinem Tod auf Gifte untersucht wurde, damit sein Schicksal in Zukunft anderen erspart blieb.

秦始皇
姓嬴名政始自始皇乙卯即王位庚辰併天下稱皇帝
在位三十七年居王位二十五年即帝位十二年壽五十

Der Tod von Qin Shihuangdi

Als sich Qin Shihuangdi im Jahr 220 v. Chr. zum ersten Kaiser von China krönte, prahlte er, dass seine Dynastie 10.000 Generationen überdauern würde. Er verlangte nach einem Elixier der Unsterblichkeit, damit er das Eintreffen seiner Prognose erleben könne.

Doch die Pillen und Tränke, die Qin Shihuangdi täglich konsumierte, verliehen ihm kein ewiges Leben, sondern brachten ihm wohl den Tod.

Qin Shihuangdi wurde 259 v. Chr. als Ying Zheng geboren. Er prägte die chinesische Geschichte maßgeblich. Er vereinte das Land, ließ ein Netz aus Straßen und Kanälen errichten und baute die Befestigungsanlagen, aus denen schließlich die Chinesische Mauer entstand. Dann stellte er eine riesige Armee auf, um sein Reich auszudehnen, während er die Bevölkerung der eroberten Gebiete versklavte und kastrierte. Am kaiserlichen Hof sollen viele Eunuchen gelebt haben.

Damit sich auch zukünftige Generationen die Macht seiner eindrucksvollen Kriegsmaschinerie vorstellen konnten, ließ Qin von jedem Soldaten eine Statue aus Terrakotta anfertigen. Diese 8000 Mann starke Terrakotta-Armee wurde später neben Qins Mausoleum begraben und erst wieder im Jahr 1974 von Bauern entdeckt.

Qin wurde als „Mann der geringen Gnade" beschrieben, der eine „aufgeplusterte Brust wie ein Habicht" hatte. Er war ein Tyrann, der vor dem Mord an seinen Rivalen nicht zurückschreckte. Er ließ über 400 konfuzianische Gelehrte lebendig begraben und ordnete eine umfassende Bücherverbrennung an. In seinen Augen war die Vergangenheit unwichtig, aber vielleicht wollte er die Gelehrten zur Forschung an seinem Unsterblichkeitselixier zwingen. Der chinesische Historiker Sima Qian schrieb: „Sollte Qin seinen Willen in der Welt durchsetzen, wird die ganze Welt zu seiner Gefangenen werden."

GEGENÜBER: Kaiser Qin Shihuangdi.

RECHTS: Die freigelegte Terrakotta-Armee des Kaisers.

Qin gab ein Vermögen für den Bau seines riesigen Mausoleums aus und verlangte nach einem Elixier der Unsterblichkeit. Beamte, die das Land nach Zutaten absuchten, übermittelten auf Holztafeln die verzweifelte Nachricht, dass sie nichts gefunden hatten. Ein Beamter empfahl eine Pflanze, die auf einem nahen Berg wuchs. Viele der Suchenden kehrten gar nicht zurück, denn sie wussten, dass ein Misserfolg die Hinrichtung bedeutete.

In der Zwischenzeit beauftragte Qin hunderte Alchemisten mit der Arbeit an dem Elixier, das auch giftige Stoffe wie Quecksilber und Arsen enthielt. Selbst nach Qins Tod wurde in China noch über 2000 Jahre lang nach einem Elixier der Unsterblichkeit geforscht. Qin konsumierte eine tägliche Dosis des Elixiers seiner Alchemisten. Im Jahr 210 v. Chr. verstarb er plötzlich, wahrscheinlich an einer Quecksilbervergiftung. In Qins luxuriösem Mausoleum, das noch nicht ausgegraben wurde, soll es ganze Flüsse aus Quecksilber gegeben haben.

Quecksilber

Quecksilber ist ein Metall, das in der Erdkruste vorkommt. Im Periodensystem der Elemente hat es das Symbol Hg. Es ist das einzige Metall, das bei Raumtemperatur flüssig ist.

ALLGEMEINES:

Quecksilber ist hochgiftig und nahezu allgegenwärtig. Es befindet sich in der Nahrung, in der Luft und im Wasser. Auch Zahnfüllungen aus Amalgam enthalten Quecksilber. Man vermutet, dass jeder Erwachsene täglich rund 3 mg davon zu sich nimmt, und dass sich im Körper immer etwa 6 mg Quecksilber befinden. Diese Mengen sind zu klein, um dauerhaft Schaden anzurichten, aber noch im letzten Jahrhundert wurden solche und größere Dosen in Arzneimitteln verabreicht. Meist wurden damit „peinliche" Beschwerden wie Verstopfung oder die Symptome der Syphilis behandelt. Im Altertum tranken manche Herrscher Elixiere aus flüssigem Quecksilber, und Belege aus Indien, China und Ägypten zeugen von der Verwendung des Metalls zu jener Zeit. Auch in den ägyptischen Grabkammern fanden sich Spuren von Quecksilber. Im 19. Jahrhundert kam es bei der Herstellung von Hüten zum Einsatz und die Hutmacher waren oft davon vergiftet. Sie waren wohl die Inspiration für den verrückten Hutmacher in Lewis Carrolls *Alice im Wunderland*.

GIFTWIRKUNG:

Die Giftigkeit von Quecksilber hängt von seinem Aggregatzustand ab. Flüssiges Quecksilber ist in geringen Dosen noch relativ harmlos, da es vom Körper ausgeschieden und nicht absorbiert wird. Darum kann es bei regelmäßigem Verschlucken von Quecksilber lange dauern, bis sich Vergiftungssymptome zeigen. Quecksilberdämpfe sind jedoch hochgiftig, wirken schnell und greifen die Atemwege, die inneren Organe und das zentrale Nervensystem an. Sie schädigen Gehirn, Nieren und Lunge, erzeugen Psychosen und führen zum Tod.

SYMPTOME:

Die ersten Anzeichen einer Quecksilbervergiftung sind oft Angstzustände, Gedächtnisverlust und Depressionen, die zusammen mit Muskelschwäche, Übelkeit, Taubheit in Händen und Füßen, Atemnot und Gangstörungen auftreten können. Später kommt es zu Erbrechen, Zittern, Bewegungsstörungen und Desorientiertheit. Eine chronische Vergiftung erkennt man oft an einem grauen Belag am Zahnfleisch und einem Verfall von Zähnen und Zahnfleisch, außerdem an übermäßigem Wasserlassen mit anschließendem Harnverhalt – ein Zeichen einer schweren Nierenschädigung.

BEHANDLUNG:

Bei einer akuten Vergiftung wird das Gegenmittel Dimercaprol injiziert. Dieser Wirkstoff und andere Chelatbildner binden sich an Schwermetalle: Das Quecksilber kann dann aus den Organen in den Blutkreislauf transportiert und vom Körper über den Urin ausgeschieden werden.

BERÜHMTE VERGIFTUNGSFÄLLE:

- Im Jahr 1810 erkrankten mehrere Matrosen der Schiffe *HMS Triumph* und *HMS Phipps*, nachdem sie eine Ladung Quecksilber aus einem spanischen Schiffswrack geborgen hatten. Sie litten unter Zahnverlust, Hautausschlägen, vermehrtem Speichelfluss und Lähmungen.
- Im Jahr 1997 starb die US-amerikanische Chemikerin Karen Wetterhahn an einer Quecksilbervergiftung, nachdem sie jahrelang mit dem Metall im Labor hantiert hatte. Das Quecksilber war auf ihre Hände gelangt und durch ihre Handschuhe in die Haut gedrungen.
- Im Jahr 2008 verursachten Quecksilberdämpfe den Tod des US-Amerikaners Tony Winnett, der versuchte, das Gold von Computerplatinen abzulösen. Sein Haus war so stark von Quecksilber verseucht, dass es abgerissen werden musste.

Konkubine und Kaiserin

Kaiserin Wu Zetian regierte im China des Mittelalters über 50 Jahre lang. Ihr Leben war von Kontroversen geprägt. Die niederrangige Konkubine des kaiserlichen Hofs entwickelte sich zu einer verführerischen Thronräuberin, die Sex und Gift einsetzte, um an die Macht zu gelangen.

Ein chinesischer Historiker schrieb: „Sie tötete ihre Schwester und älteren Brüder, ermordete den Kaiser und vergiftete ihre Mutter. Sie wird von Göttern und Menschen gleichermaßen gehasst."

Wu Zetian wurde 624 in eine wohlhabende Familie geboren. Als junge Frau war sie die Konkubine fünften Ranges am Hof des Kaisers Taizong. Wu bezog die kaiserlichen Betten und stillte einige der ungewöhnlicheren sexuellen Wünsche des Kaisers. Nach dem Tod Taizongs wurde sie die Konkubine seines Sohns und Erben Gaozong.

Zeitgenössischen Überlieferungen zufolge tötete Wu ihre Tochter aus der Verbindung mit Gaozong und beschuldigte seine Frau, Kaiserin Wang, des Mordes. Gaozong glaubte Wu und ließ Wang zusammen mit seiner Hauptkonkubine in den Kerker werfen. Wu wurde zur neuen Gemahlin des Kaisers und ordnete an, dass man den Frauen die Arme und Beine abhacken und ihre Körper in ein Weinfass werfen solle. Angeblich sagte sie dazu: „Nun können sich diese beiden Hexen bis auf die Knochen besaufen."

Dann räumte sie alle aus dem Weg, die gegen ihre Ehe gewesen waren: Sie ließ sie hinrichten, degradierte sie, schickte sie ins Exil oder zwang sie, Selbstmord zu begehen. Als ihre Cousine zur Konkubine Gaozongs gemacht wurde, vergiftete die Kaiserin sie und ließ ihre Brüder als Mörder hinrichten. Während Wu ihre Rivalen am Hof beseitigte, litt Gaozong unter Kopfschmerzen und an einer rätselhaften Krankheit, der er im Jahr 683 erlag. Er starb allein, was für einen chinesischen Kaiser ungewöhnlich war. Nur Wu war an seiner Seite.

Wu hatte bereits ihren Sohn, den Kronprinzen Li Hong, vergiftet und potenzielle Thronfolger verbannt. Zwar fungierten ihre anderen Söhne zeitweise als offizielle Herrscher, aber im Hintergrund zog Wu die Fäden, bis sie 690 schließlich selbst den Thron bestieg. Sie regierte mit eiserner Faust und gründete eine Geheimpolizei, um Kritiker zu bestrafen. Außerdem ermutigte sie die Höflinge, einander zu bespitzeln und ihr Bericht zu erstatten.

OBEN: Wu und der spätere General Yue Fei.

GEGENÜBER: Wu Zetian auf einem Bild aus der Tang-Dynastie.

Heute glauben viele, dass Wu von ihren Zeitgenossen in ein schlechtes Licht gerückt wurde, weil sie eine Frau war, und dass man einen männlichen Kaiser nicht so negativ porträtiert hätte. Tatsächlich war Wu eine erfolgreiche Regentin, die China durch ein goldenes Zeitalter führte. Ihre große Grabtafel erhielt jedoch bis heute keine Inschrift. Für viele wird Wu immer die Verführerin bleiben, die ihre Rivalen vergiftet hatte und durch Sex an die Macht gekommen war.

Kapitel 2: Gifte im Mittelalter und in der Renaissance

Im Mittelalter war der Giftmord eine beliebte Tötungsmethode. Zu jener Zeit beschrieben europäische Mönche die Gifte der Tiere und Pflanzen und bedienten sich dabei ungeniert an den Texten der alten Griechen und Römer.

Die meisten Menschen konnten damals jedoch nicht lesen und mit den Texten nichts anfangen. Sie wandten sich mit ihren Beschwerden lieber an Heiler oder Hexen, suchten Hilfe im Gebet und trugen Talismane zum Schutz vor unnatürlichen Krankheiten oder übernatürlichen Einflüssen. Zu jener Zeit stellten arabische Alchemisten eines der bekanntesten Gifte der Geschichte her: Arsen. Durch Extraktion, Destillation und Kristallisation gewannen sie ein Pulver, das nicht nur farb- und geruchlos war, sondern auch den Grundstein für die Wissenschaft der Chemie legte.

Das unauffällige Arsenpulver entwickelte sich im Europa der Renaissance zum Liebling der Giftmischer. In Italien waren Gifte zu jener Zeit groß in Mode, und Ärzte, Alchemisten und Apotheker bereiteten für die Adelsfamilien Gifte aus „den drei Naturreichen" zu: tierische, pflanzliche und mineralische.

Arsen war die Grundlage für das berüchtigte Gift „La Cantarella", das von den Borgias, der Familie Papst Alexanders VI., benutzt wurde. Weitere Gifte aus den Texten der italienischen Renaissance sind Schlangengift, Cantharidin, Eisenhut, Belladonna und Strychnin. Einige davon wurden von den meuchelnden Söldnern des venezianischen Rats der Zehn, einer Regierungsbehörde, eingesetzt. Zu den geheimen Aktivitäten des Rats gehörte die Ermordung von angeblichen Staatsfeinden. Im Jahr 1450 sanktionierte der Rat den Mord an Francesco Sforza, dem Herzog von Mailand. In seinem offenen Kamin wurden Giftkugeln gelegt, deren Dämpfe alle in der Nähe befindlichen Personen töten sollten. Der Anschlag misslang.

Auf dem Höhepunkt des giftigen Treibens in Italien verbreitete sich die Methode auch in andere Länder Europas. Die italienische Adlige Katharina von Medici soll den Giftmord in Frankreich im Alleingang populär gemacht haben, zusammen mit hochhackigen Schuhen und verschwenderischen Hoffesten, sogenannten *magnificences*. Katharina testete die Wirkung ihrer Gifte an den Armen und Kranken, aber in der Renaissance entstand auch ein wissenschaftlicherer Umgang mit den gefährlichen Stoffen.

Da Gifte zu jener Zeit allgegenwärtig waren, interessierten sich auch die Ärzte dafür, allen voran der Schweizer Arzt Paracelsus, der die Dogmen des Altertums ablehnte und von modernen Ärzten eine Grundkenntnis der Chemie verlangte. Von ihm stammen auch die Unterscheidung zwischen der Gift- und Heilwirkung einer Arznei sowie der berühmte Ausspruch: „Alle Dinge sind Gift und nichts ist ohne Gift."

Paracelsus leitete das Zeitalter der chemiebasierten Medizin ein und gilt als Begründer der Toxikologie. Wissenschaftliche Abhandlungen über Gifte und ihre Auswirkungen wurden verfasst, aber es dauerte noch eine Weile, bis das Gift völlig zum Gegenstand der Wissenschaft wurde – und nicht mehr ins Reich der Hexen, Zauberer und schwarzen Magie eingeordnet wurde.

OBEN: Dieser Holzschnitt aus dem 16. Jahrhundert zeigt Paracelsus bei einer Operation am Kopf eines Patienten.

CLARIOR HOC PVLCRO REGNANS
IN CORPORE VIRTVS

Abscheuliche Borgias

In einer Augustnacht im Rom des Jahres 1503 wurden Cesare und Rodrigo Borgia von den Symptomen einer schweren Vergiftung befallen. Cesare lag im Bett, sein Gesicht war purpur verfärbt und seine Haut löste sich ab.

Rodrigo, besser bekannt als Papst Alexander VI., erlag in der Zwischenzeit dem Gift. Am nächsten Tag wurde er in Rom aufgebahrt. Augenzeugen berichteten, dass es der „unansehnlichste, scheußlichste Leichnam war, den man je gesehen hatte".

Nur wenige der Trauernden konnten den Anblick seines verfallenden, maulbeerfarbenen Gesichts ertragen. Es war blauschwarz gefleckt und „viel entsetzlicher als alles, was bis dahin gesehen oder berichtet wurde".

Raffaello Maffei, ein Historiker der Renaissance, beschrieb das Spektakel: „Die deformierte schwarze Leiche war abscheulich anzusehen. Sie war stark aufgedunsen und stank nach Krankheit. Die Lippen und Nase waren von braunem Schleim bedeckt, der Mund stand weit offen und die vom Gift geschwollene Zunge fiel auf das Kinn heraus. Kein Anhänger oder Verehrer wagte es, seine Füße oder Hände zu küssen, wie es der Brauch verlangte."

Die größte Überraschung an Rodrigos Tod war jedoch, dass er diesmal das Opfer und nicht wie sonst der Täter gewesen war. Mord war nur eines der zahlreichen Verbrechen, die während Alexanders Pontifikat mit der Familie der Borgia in Verbindung gebracht wurden: Ehebruch, Inzest, Vergewaltigung, Simonie, Diebstahl und Bestechung waren einige andere. Der mörderische Ruf der Borgias war legendär. Sie töteten nicht nur aus Machtgier und Ehrgeiz, sondern manchmal auch aus reiner Bosheit.

Die Borgias stammten ursprünglich aus Spanien und erlangten im Italien des 15. Jahrhunderts Einfluss in der politischen und geistlichen Elite des Landes, sodass sie es mit den anderen großen Dynastien, etwa den Sforzas oder den Medici, aufnehmen konnten. Alfonso war im Jahr 1455 der erste Borgia, der Papst wurde. Sofort begünstigte er seinen Neffen Rodrigo, machte ihn zum Kardinal und bereitete ihn auf das Amt des Papstes vor, das er 1492 antrat. Seine Amtszeit war jedoch so stark von Korruption und weltlichen Intrigen geprägt, dass sie wesentlich zu den Umwälzungen für die spätere Reformation beitrug.

Als Rodrigo Papst war, machte er seinen jugendlichen Sohn Cesare zu einem Kardinal und besetzte auch andere geistliche Ämter mit seinen Angehörigen: Er wollte eine bleibende Dynastie begründen. Er schloss mehrere Bündnisse durch die Verheiratung seiner Tochter Lucrezia, einer rehäugigen Schönheit, deren Profilansicht viele Porträtmaler inspirierte. Lucrezia galt auch als Femme fatale, die angeblich jeden, den sie nicht verführen konnte, vergiftete, und einige inzestuöse Beziehungen unterhielt, unter anderem mit ihrem Bruder Cesare.

LA CANTARELLA

Für das Gift *La Cantarella* gibt es keine überlieferten Rezepte, aber es bestand wohl aus Phosphor, Bleiacetat und Arsen, manchen Berichten zufolge enthielt es auch Cantharidin. Ein Text über die Herstellung des Gifts beschreibt, wie der Giftmischer Arsen über die Gedärme ausgeweideter Schweine streute und sie verrotten ließ. Dann presste er die Innereien aus und ließ die faulige Mischung trocknen, bevor er daraus ein Pulver zubereitete.

GEGENÜBER: Lucrezia Borgia.

Lucrezia soll auch an Orgien, die Cesare und Rodrigo im Vatikan abhielten, teilgenommen haben. Die berühmteste davon war das Kastanienbankett, ein Festmahl, zu dem 50 Prostituierte als Gäste geladen waren.

Wenn Rodrigo und Cesare nicht gerade in irdischen Gelüsten schwelgten, arbeiteten sie an der Festigung ihrer Macht und an der Vermehrung ihres unermesslichen Vermögens. Als Befehlshaber der päpstlichen Armee brachte Cesare die nördlichen Gebiete Italiens unter seine Kontrolle und schloss ein Bündnis mit Ferdinand und Isabella von Spanien. Wer nicht erobert oder bestochen werden konnte, wurde ermordet – oft mit dem tödlichen, arsenbasierten Gift La Cantarella.

Jedes Mitglied der Familie Borgia soll ihren Feinden das Gift mit einer anderen Methode verabreicht haben. Cesare trug einen Ring mit Löwenkopf, der an der Unterseite zwei scharfe Fangzähne hatte. Damit stach er in die Hand des Opfers und injizierte so das Gift. Rodrigo lud seine Feinde in seine päpstlichen Gemächer ein und bat sie, ihm beim Aufschließen eines Schranks zu helfen. An dem Schlüssel dafür befand sich jedoch eine Nadel, die das Opfer stach.

Lucrezia besaß einen Ring mit einem aufklappbaren Deckel, aus dem man La Cantarella in den Wein des Opfers schütten konnte. Das Gift soll leicht süßlich geschmeckt haben, sodass man es beim Trinken nicht bemerkte. Die Teilnahme an einem Bankett der Borgias war oft eine Entscheidung über Leben und Tod, aber Rodrigo starb nach einem fatalen Missgeschick.

In einer heißen Sommernacht des Jahres 1503 speisten Rodrigo und Cesare als Gäste im Haus des Adriano Castellesi. Er war ein Kardinal, den die Borgias ermorden wollten. Sie schenkten ihm einige Flaschen Wein, darunter eine vergiftete Flasche, aus der Rodrigo versehentlich sein eigenes Glas füllte. Cesare sah ihm dabei zu und glaubte, dass es eine der unverfälschten Flaschen war, woraufhin er sich auch daraus einschenkte. Dieser Fehler tötete Rodrigo, aber Cesare überlebte. Er wurde jedoch nicht zum Papst gewählt und starb 1507 in Spanien.

Moderne Historiker zweifeln die vielen Gewalttaten und Skandale der Borgias oft an, da es kaum Belege dafür gibt. Lucrezia wird mittlerweile als eine Schachfigur in den Machtspielen ihres Vaters betrachtet, und auch der Ruf der Borgias als Giftmörder soll übertrieben sein. Dennoch wird man sich an Lucrezia, Cesare und ihren Vater Rodrigo immer im Zusammenhang mit Gift erinnern. Ein zeitgenössischer Geistlicher schrieb, dass Rodrigo „seine Seele und seinen Körper dem großen Höllenteufel vermacht" habe.

Aber was war mit dem Gift, das Rodrigos Leichnam so verunstaltet hatte? Eine neue Theorie vermutet, dass er an Malaria gestorben war. Ein anderer zeitgenössischer Bericht behauptet, dass die unnatürliche Maulbeerfarbe des Gesichts nicht auf ein Gift, sondern einfach auf die durch die Sommerhitze beschleunigte Fäulnis der Leiche zurückzuführen war.

GEGENÜBER: John Colliers Gemälde Ein Glas Wein mit Caesar Borgia *aus dem Jahr 1893 zeigt das gefährliche Abendessen.*

DAS KASTANIENBANKETT

Das Kastanienbankett der Borgias beschrieb der zeitgenössische Chronist der Päpste, Johannes Burckard, folgendermaßen: „Am Abend des letzten Oktobertags 1501 veranstaltete Cesare Borgia in seinen Gemächern im Vatikan ein Bankett mit ‚fünfzig ehrlichen Prostituierten' ... die nach dem Essen mit den Gästen und anderen Anwesenden tanzten, erst bekleidet, später nackt. Nach dem Essen stellte man die brennenden Kerzenleuchter von den Tischen auf den Boden und Kastanien wurden ausgestreut, die von den nackten Kurtisanen auf allen vieren zwischen den Leuchtern herumkriechend aufgesammelt wurden, während der Papst, Cesare und seine Schwester Lucrezia ihnen zuschauten. Zum Schluss gab es Preise für jene, die den Akt mit den Kurtisanen am häufigsten vollziehen konnten."

Arsen

Arsen ist ein graues Halbmetall, das in der Erdkruste vorkommt. Spuren davon finden sich auch im gesamten menschlichen Gewebe. Als giftige Verbindung Arsenik (Arsentrioxid) ist es weiß und ähnelt Puderzucker.

ALLGEMEINES:

Erst im Mittelalter wurde die elementare Form von Arsen isoliert, aber seine Erze – Realgar und Auripigment – waren bereits im Altertum bekannt, unter anderem bei den Assyrern, Chinesen und Römern. Vor allem die Römer waren in der Herstellung des weißen Arsens bewandert und erzeugten daraus Pestizide, Arzneimittel und Gifte. In Speisen und Getränken ist Arsen farb- und geruchlos, schmeckt aber leicht süßlich. Darum war Arsen in Wein im Europa der Renaissance eine beliebte Mordmethode. Seit der Antike wurden kleine Dosen Arsen als Medizin verschrieben. Es war die Hauptzustand in der Fowlerschen Lösung, einem Heilmittel des 19. Jahrhunderts, mit dem unter anderem Epilepsie, Hauterkrankungen und Syphilis behandelt wurden. Im Altertum wurde Arsen auch als Pigment für rote und gelbe Farben verwendet – ab dem späten 18. Jahrhundert auch für Smaragdgrün. In den folgenden zwei Jahrhunderten war diese Farbe sehr beliebt und in allen möglichen Produkten enthalten, von Tapeten über Zuckerfiguren bis hin zur Seife.

GIFTWIRKUNG:

Arsen bindet sich an schwefelhaltige Enzyme, die in allen menschlichen Zellen vorkommen. Es behindert die Energieproduktion und Proteinversorgung in den Zellen und blockiert ihre Reparaturfunktion. In seiner Gasform Arsenwasserstoff kann Arsen rote Blutzellen zerstören. Der Gesamtgehalt der winzigen Mengen an Arsen, die im menschlichen Körper vorkommen, liegt normalerweise im Milligrammbereich.

GEGENÜBER: Ein Klumpen reines Arsen, so wie es in der Erdkruste vorkommt.

SYMPTOME:

Bei einer chronischen Arsenvergiftung kommt es zu Juckreiz, Entzündungen im Mund, Appetitverlust, Übelkeit, Durchfall und Schwellungen, besonders von Gesicht und Augenlidern, die durch eine Ansammlung von Flüssigkeit hervorgerufen werden. Die Anzeichen einer akuten Arsenvergiftung sind Erbrechen, Durchfall, Taubheit in den Füßen, Magenschmerzen, Muskelkrämpfe, starkes Durstgefühl, Harnverhalten, Kollaps und Koma, bis schließlich der Tod eintritt.

BEHANDLUNG:

Der Chelatbildner Dimercaprol hilft, Arsen aus dem Körper auszuleiten. Er bindet sich an die Arsen-Ionen, sodass sie von der Niere ausgeschieden werden können.

Bei einer akuten Vergiftung durch die Einnahme von Arsen wird auch häufig der Magen ausgepumpt.

BERÜHMTE VERGIFTUNGSFÄLLE:

- Die Französin Marie Lafarge vergiftete 1840 ihren Mann Charles mit Arsen. Sie nahm das Arsen aus Rattenködern und ersetzte es durch Mehl. Charles' Körper wurde zweimal exhumiert und auf Arsen untersucht, auch wenn er bereits so stark verwest war, dass die Proben mit einem Löffel entnommen werden mussten. Beim zweiten Mal wurde Arsen nachgewiesen und Marie wurde zu lebenslanger Zwangsarbeit verurteilt.
- Charles Darwin nahm täglich eine Dosis der Fowlerschen Lösung ein, um ein Zittern zu behandeln. Vielleicht war dieser Konsum die Ursache einer chronischen Erkrankung, die ihn jahrelang plagte, aber nie diagnostiziert wurde.

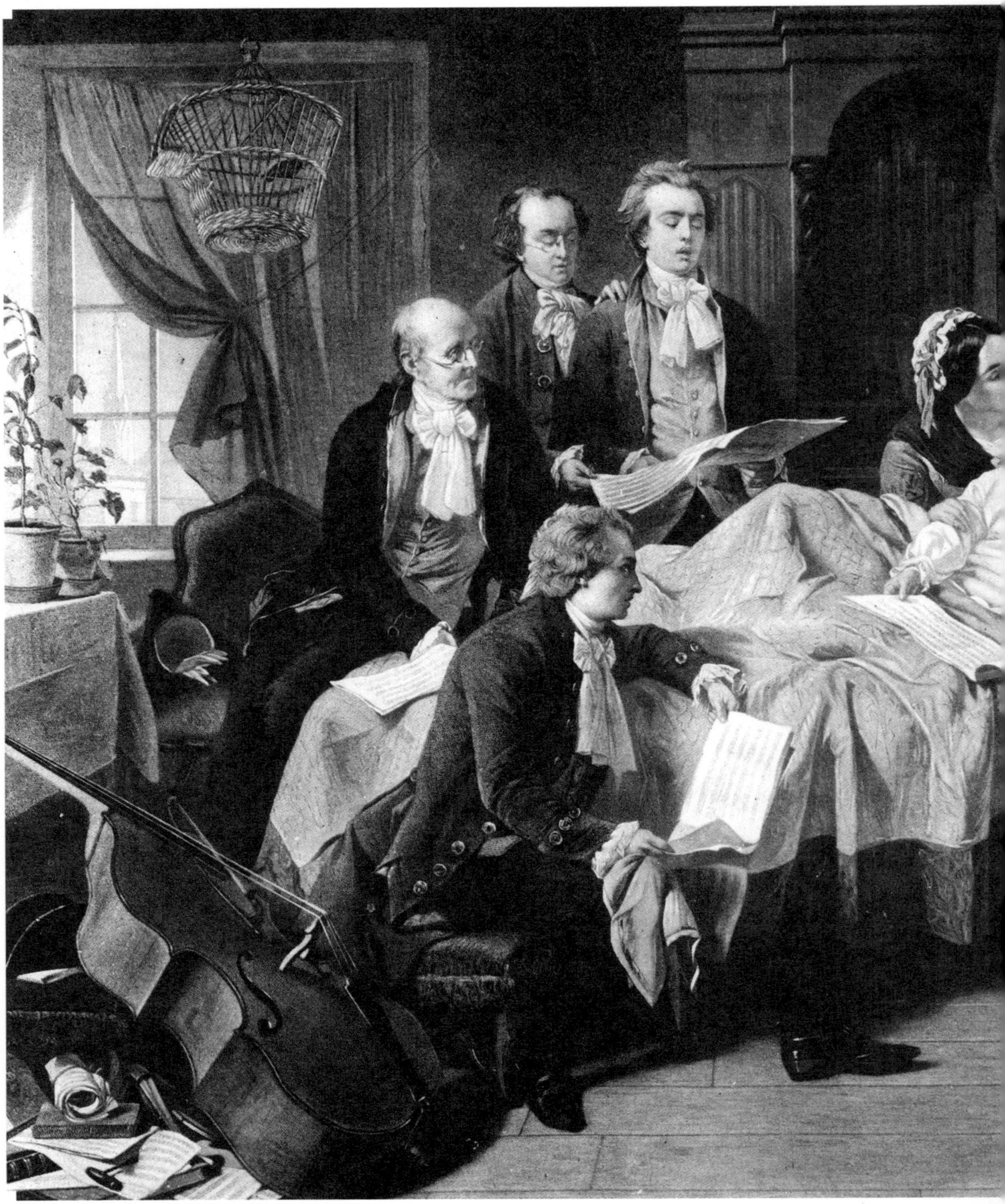

Das Geschäft mit dem Gift

Im Jahr 1791 lag Wolfgang Amadeus Mozart im Sterben. Er war fest überzeugt, dass ihn jemand vergiftet hatte.

Ich werde nicht mehr lange leben", sagte er. „Jemand hat mir *Aqua Tofana* gegeben und den genauen Zeitpunkt meines Todes errechnet." *Aqua Tofana* war das berüchtigte Gift der italienischen Mörderin Giulia Tofana. Sie hatte über 600 Personen auf dem Gewissen, aber starb als Volksheldin der Frauen.

Das Italien der Renaissance war eine patriarchale Gesellschaft. Frauen hatten kaum Rechte und waren gewalttätigen Ehemännern ausgeliefert. Körperlicher, sexueller und emotionaler Missbrauch blieb ungestraft und es gab keine Scheidung, sodass viele den Tod als einzige Lösung sahen.

Gift war der große Gleichmacher: Damit konnten angehende Witwen ihre Gatten ohne Kraftaufwand töten. Giulia bot diesen Frauen das Mittel zum Zweck. Sie erfand das nach ihr benannte Gift *Aqua Tofana*, das bei korrekter Gabe einen genau festgelegten Todeszeitpunkt ermöglichte.

Das war der Vorteil von *Aqua Tofana*. Die Symptome ähnelten einer tödlichen Erkrankung, aber das Opfer hatte noch genug Zeit, um seine Angelegenheiten zu regeln – und seine Sünden zu beichten, was im erzkatholischen Italien äußerst wichtig war. Außerdem war *Aqua Tofana* farb- und geruchlos und damit nicht feststellbar. Aus diesem Grund war Mozart überzeugt, dass man ihn schleichend vergiftete, ungeachtet der Tatsache, dass Giulia Tofana zu diesem Zeitpunkt bereits seit vielen Jahren tot war.

Über Giulia selbst ist nicht viel bekannt. Vermutlich lernte sie ihr Handwerk als Assistentin eines Apothekers in ihrer Geburtsstadt Sizilien. Die Giftmischerei war ein Familienbetrieb, in dem auch Giulias Töchter arbeiteten, nachdem sie volljährig geworden waren.

Giulias Mutter wurde 1633 für den Mord an ihrem Ehemann hingerichtet. Darum hatte Giulia Mitgefühl für unterdrückte Frauen, vor allem für jene am Rande der Gesellschaft. Sie versorgte jedoch alle sozialen Schichten mit Gift und war als Freundin gebeutelter Frauen bekannt.

Giulia betrieb florierende Kosmetikläden in Neapel und Rom. Dort verkaufte sie unter dem Ladentisch auch *Aqua Tofana*. Der Handel mit Kosmetika war eine gute Tarnung, da das Gift wie ein Puder aussah und auf dem Schminktisch einer Dame nicht weiter auffiel. Als Giulia ihr Geschäft ausbaute, bot sie auch andere Varianten des Gifts an. Flüssiges *Aqua Tofana* wurde in Phiolen abgefüllt und als Heilmittel verkauft. Der Erfolg hielt über 50 Jahre an, bis Giulia von einer nervösen Kundin verraten wurde.

Im Jahr 1651 versetzte diese Klientin die Suppe ihres Gatten mit *Aqua Tofana*, bekam jedoch Gewissensbisse und zog ihm den Teller unter der Nase weg. Als der Mann wissen wollte, warum sie ihm die Suppe wegnahm, beichtete ihm seine Frau ihr Vorhaben.

Schon bald waren die päpstlichen Behörden Roms auf der Suche nach Giulia, die jedoch viele Freunde hatte. Eine Zeit lang versteckte sie sich in einer Kirche, aber als Gerüchte auftauchten, dass sie die Wasserversorgung der Stadt vergiftet habe, verstärkte man die Bemühungen, sie festzunehmen. Schließlich wurde sie gefunden und vernommen. Unter Folter gestand Giulia, dass sie zwischen 1633 und 1651 bei der Vergiftung von über 600 Männern geholfen habe. Wie genau diese Zahl ist, weiß man jedoch nicht. Vielleicht war sie sogar noch höher oder aber ein erzwungenes Geständnis. Das Urteil war allerdings unvermeidlich. Giulia Tofana wurde 1659 zusammen mit ihren Töchtern und drei Assistentinnen hingerichtet. Anschließend warf man ihre Leiche über die Mauern der Kirche, die ihr Zuflucht geboten hatte. Auch einige ihrer Komplizinnen wurden gefasst und im Verlies des Palazzo Pucci lebendig eingemauert.

Aqua Tofana war so berüchtigt, dass Mozart selbst 100 Jahre nach Giulias Tod noch glaubte, damit vergiftet worden zu sein. Sein Leichnam wurde nicht obduziert und als Todesursache wurde „Miliarfieber" angegeben – eine allgemeine Bezeichnung für tödliche Erkrankungen. Heute vermuten Wissenschaftler, dass Mozart an einer bakteriellen Infektion durch Streptokokken starb.

AQUA TOFANA

Aqua Tofana wurde einmal als „harmlos aussehende Flüssigkeit" beschrieben, von der bereits vier bis sechs Tropfen ausreichten, um „einen Menschen zu vernichten". Die ersten Anzeichen der Vergiftung waren so subtil, dass sie wohl nur einem engen Angehörigen aufgefallen wären. Die Zeitschrift *Chambers's Journal* berichtete 1890 darüber:

„Von der schmeichlerischen Verräterin in Wein, Tee oder einer anderen Flüssigkeit verabreicht, erzeugte es einen milden Effekt. Der Gemahl war verstimmt, fühlte sich schwach und träge, aber nicht krank genug, um einen Arzt zu rufen ... Nach der zweiten Dosis ... waren Schwäche und Trägheit merklicher ... Die schöne Medea, die sich solche Sorgen um ihren Gatten machte, erregte kaum Verdacht, und vielleicht bereitete sie die Speisen ihres Mannes mit ihren zarten Händen nach Anweisung des Arztes zu. So gäbe sie die dritte Dosis, die selbst den kräftigsten Mann niederstreckte. Der Arzt wunderte sich dann, dass diese scheinbar leichte Unpässlichkeit auf seine Medizin nicht reagierte, und während er noch im Dunkeln tappte, wurden weitere Dosen verabreicht, bis der Tod das Opfer dahinraffte."

Zur Zeit der Renaissance konnten die Ärzte kaum etwas tun, wenn die Opfer des Gifts unter Erbrechen, Durchfall, unstillbarem Durst und brennenden Bauchschmerzen litten. Die meisten dieser Symptome treten auch bei einer Arsenvergiftung auf, aber *Aqua Tofana* enthielt vermutlich auch Belladonna, Antimon und Cantharidin.
Es hieß, dass das Gift im Blut nicht nachgewiesen werden konnte, Obduktionen und toxikologische Untersuchungen gab es damals noch nicht. Bei den Behörden war *Aqua Tofana* unbekannt, bis Giulia Tofana festgenommen wurde und die Öffentlichkeit von der Existenz des Gifts erfuhr.

OBEN: Evelyn De Morgans Gemälde Der Liebestrank *aus dem Jahr 1903 zeigt Giulia Tofana beim Mischen eines giftigen Gebräus.*

Der Einfluss der Katharina von Medici

Als Franz I. seinen Sohn mit Katharina von Medici verheiratete, hoffte er, dadurch etwas von der italienischen Freigeistigkeit an den spießigen französischen Königshof zu bringen.

Franz war für seine moralische Verderbtheit berühmt; keine Ausschweifung war ihm zu teuer. Und Katharina folgte in seine Fußstapfen: Man sagte, dass sie sich an den dunklen Künsten versuchte, und schon bald war sie als „Hure des Königs“ bekannt.

Als Franz im Jahr 1515 den Thron bestieg, wetterte er gegen die erzkonservativen Katholiken. Ihm gefielen der Protestantismus des Martin Luther und ein Leben ohne Einschränkungen. Sein Vorbild waren die italienischen Adelshäuser der Renaissance, in denen ein opulenter, dekadenter Lebensstil gepflegt wurde.

Italien war auch für seine Intrigen, Skandale und Mordfälle bekannt. Man sagt, dass Katharina von Medici, die 1519 in eine mächtige florentinische Dynastie geboren wurde, die italienische Tradition des Giftmords nach Frankreich gebracht hatte. Sie experimentierte mit Giften an den Armen und Kranken und soll den Bruder ihres Mannes sowie den Kardinal von Lorraine vergiftet haben.

Katharina erschien am französischen Hof als extravagante Gestalt, die für Aufsehen sorgte. Sie trug Schuhe mit hohen Absätzen, wie es eigentlich nur Prostituierte taten, und umgab sich mit einem Gefolge aus Astrologen, Alchemisten und neun Kleinwüchsigen. Letztere wurden sogar in einer eigenen kleinen Kutsche befördert.

Katharina setzte Sex ein, um geschäftliche und politische Bündnisse zu schließen. Bedient wurde sie von 80 Hofdamen, ihr „fliegendes Geschwader“, die für politische Vorteile sexuelle Gefälligkeiten boten. Einmal veranstaltete Katharina ein Festmahl, bei dem ihr Geschwader die Speisen barbusig servierte und nach dem Essen die sexuellen Wünsche der Gäste befriedigte. Wer Katharina verärgerte, wurde von ihr vergiftet. Auf diese Weise beseitigte sie auch einen ihrer Astrologen und merkte später an: „Er hätte es vorhersehen müssen.“

Franz mochte von Katharinas Intrigen fasziniert gewesen sein; sein Sohn Heinrich, ihr Gemahl, hatte jedoch kein Interesse an ihr. Heinrich war vernarrt in seine Mätresse, die er vor Katharinas Augen begrapschte. Ein Teil des Problems war die Unfruchtbarkeit seiner Gattin. Katharina hatte es schon mit sämtlichen Hausmitteln versucht: den Urin eines Maultiers getrunken und ihre Genitalien mit Kuhmist eingerieben. Zehn Jahre lang tat sich aber nichts, bis sie erstaunlicherweise noch 10 Kinder für Heinrich gebar. Drei davon wurden Könige von Frankreich.

Das erlebte Heinrich jedoch nicht mehr. Er wurde bei einem Turnier von einer gesplitterten Lanze ins Auge getroffen und starb in Folge an einer Sepsis. Obwohl Heinrich die Farben seiner Mätresse getragen hatte, soll Katharina sehr um ihn getrauert haben.

Nach dem Tod Heinrichs wurde sein Sohn zum König gekrönt: Franz II. Aber die Fäden zog im Hintergrund seine Mutter Katharina, die eine der turbulentesten Epochen der französischen Geschichte prägte: die Hugenottenkriege, die zwischen den protestantischen Hugenotten und den Katholiken ausgetragen wurden und das Land über drei Jahrzehnte gewaltsam spalteten.

GEGENÜBER: Katharina von Medici.

OBEN: Der venezianische Rat der Zehn, gegründet im Jahr 1310.

Katharinas tolerante Politik gab den Protestanten das Recht, ihren Glauben zu Hause auszuüben. Dann verheiratete sie ihre katholische Tochter Margarete mit dem adligen Hugenotten Heinrich von Navarra. Sie lud Heinrichs Mutter Jeanne d'Albret an den Hof ein und versprach ihr, ihren Kindern nichts anzutun. D'Albret schrieb zurück: „Verzeiht mir, aber wenn ich das lese, möchte ich lachen, denn Ihr versucht mir eine Angst zu nehmen, die ich nie hatte. Ich habe nie daran geglaubt, dass Ihr, wie allgemein gesagt wird, kleine Kinder fresst."

Nach ihrem Besuch am Hof stimmte d'Albret der Heirat zu, unter der Bedingung, dass Heinrich ein Hugenotte bleiben durfte. Katharina willigte ein, aber die beiden Mütter wurden keine Freundinnen. D'Albret schrieb über ihre Begegnungen mit Katharina: „Ich sprach drei oder vier Male mit der Königin. Sie spottet über mich und gibt meine Aussagen falsch weiter, sodass mir meine Freunde etwas vorwerfen, was ich nie gesagt habe."

DER RAT DER ZEHN

Die großen Giftmörder Italiens saßen im venezianischen Rat der Zehn, einer Gerichtsbehörde, die Verschwörungen und Verbrechen gegen die Republik Venedig zu vereiteln versuchte. Zu diesem Zweck wurden zahlreiche Giftattentate angeordnet. Der angeheuerte Mörder stammte meist aus einer anderen Stadt und wurde von einem Mittelsmann bezahlt, aber vom Rat finanziert. Die Meucheleien wurden in einem Büchlein mit der Aufschrift *Secretissima* (strengstens geheim) notiert. Darin stand auch der Plan, ein Gift aus Pestbeulen herzustellen und die Hüte der türkischen Feinde in Dalmatien damit zu kontaminieren.

FRANZÖSISCHE SCHULE DER GIFTMISCHER

Oft wird gesagt, dass Katharina von Medici den Giftmord in Frankreich populär machte. Mitte des 16. Jahrhunderts war Gift eine so häufige Todesursache, dass man bei jedem Adligen, der starb, sofort an eine Vergiftung dachte. Manche schätzen, dass die „französische Schule der Giftmischer" bis zu den 1570er-Jahren bereits über 30.000 Giftmörder hervorgebracht hatte. Der Giftmord boomte, weil es damals schwierig war, eine Vergiftung von einer Krankheit zu unterscheiden, und es noch keine Möglichkeit gab, Gift im Körper festzustellen.

Hier kommen die legendären vergifteten Handschuhe ins Spiel. Neben anderen Bräuchen machte Katharina auch das Tragen von parfümierten Handschuhen in Frankreich populär. Zuvor stanken Lederhandschuhe nach Urin und Fäkalien, mit denen sie gegerbt worden waren. Aber die italienischen Handschuhe wurden mit Kräutern, Gewürzen und Blütenölen, etwas aus Jasmin-, Schwertlilien- und Orangenblüten, behandelt.

Der Überlieferung zufolge schickte Katharina ein Paar ihrer Handschuhe als Geste der Freundschaft an d'Albret, bevor ihre Kinder heirateten. Kurz nach dem Tragen der Handschuhe starb d'Albret jedoch. Die Protestanten bezichtigten Katharina des Mordes an ihrer Fürsprecherin – ein hartnäckiges Gerücht, das sich bis heute hält: Katharina soll die Handschuhe vergiftet haben.

Ob das stimmt oder nicht – die Hochzeit zwischen Margarete und Heinrich fand wie geplant statt. In die Geschichte ging dieser Tag jedoch als „Bartholomäusnacht" ein, in der bei einem Massaker zahlreiche Hugenotten ermordet wurden. Manche sagen, dass Katharina die Welle der Gewalt durch ihr Attentat auf den Hugenottenführer Admiral Gaspard de Coligny angezettelt hatte. Das Massaker war eine regelrechte Orgie der Grausamkeiten, der Tausende zum Opfer fielen. Katharina überlebte, aber ihr Ruf in Frankreich war ruiniert. Bis zu ihrem Tod war sie nur noch als Sittenverderberin bekannt. Als sie 1589 starb, wollten die Menschen in Paris ihren Leichnam in die Seine werfen – was der größtmöglichen Schmähung gleichkam.

OBEN: Die Bartholomäusnacht des Jahres 1572.

Attentat auf Elisabeth I.

Der Hof von Elisabeth I. war von Aufständen, Verschwörungen und versuchten Attentaten geprägt. Viele trachteten der Königin nach dem Leben.

Die Wiedereinführung des Katholizismus, die gewünschte Krönung von Elisabeths Schwester Maria oder die Unterstützung der Feinde Englands waren häufige Verschwörungen. Der Giftmord war eine beliebte Methode der Attentäter jener Zeit. Einer der Verschwörer war Elisabeths Leibarzt.

Elisabeth I. gewöhnte sich an die versuchten Anschläge, selbst an jene von englischen Adligen. Ihre Schwester Maria, Thomas Howard von Norfolk, Sir Francis Throckmorton und Sir Anthony Babington planten Anschläge auf Elisabeth. Papst Pius V. erließ 1570 eine päpstliche Bulle, die Elisabeth als Ketzerin beschuldigte und mit der Exkommunikation loyaler Untertanen drohte. Elisabeth galt von da an als Freiwild für Meuchelmörder.

Es gab so viele Komplotte gegen Elisabeth, dass einige ihrer treuen Anhänger unter der Führung von Sir William Cecil und Sir Francis Walsingham einen Eid ablegten, dass sie jeden Verschwörer töten würden. Walsingham hatte also nur das Wohl der Königin im Sinn, als er ihr empfahl, seinen Leibarzt Roderigo Lopez in ihre Dienste zu nehmen.

Lopez, ein gebürtiger Portugiese, war ein erfolgreicher und angesehener Arzt im Londoner Krankenhaus St. Bartholomew's, wo er die damals beliebten Behandlungen „fasten, entschlacken und Aderlass" verschrieb. Aber selbst als Leibarzt der Königin galt Lopez unter einigen Höflingen als nicht vertrauenswürdig – besonders, weil er als Jude zum Christentum konvertiert war. Es dauerte nicht lange, bis die ersten Anschuldigungen gegen ihn laut wurden.

Eine der schlimmsten davon war „Hochverrat" und sie wurde angeblich vom Earl of Essex, Robert Devereux, geäußert. Robert, der die Gunst von Elisabeth genoss, nahm es Lopez übel, dass dieser einem gemeinsamen Bekannten von Roberts Geschlechtskrankheit erzählt hatte. Sein Beweis für den Verrat war ein abgefangener Brief, in dem Lopez eine Lieferung Perlen bestellte. Die Zeile: „Der Überbringer wird Ihnen den Preis der Perlen nennen" bedeutete angeblich, dass Lopez' Angebot, die Königin zu ermorden, angenommen wurde und er den Plan unverzüglich ausführen solle.

Aufgrund dieser Anschuldigung wurde Lopez unter Folter verhört und sein Haus von Spionen durchsucht. Die Handlanger berichteten Elizabeth: „Im Haus des armen Mannes fanden sich keine Dokumente, die seine Schuld bestätigen." Währenddessen gestand Lopez auf der Streckbank, vom spanischen König 50.000 Kronen angenommen zu haben, um Elisabeth zu vergiften. Später zog er seine Aussage wieder zurück, aber es war schon zu spät: Er wurde gehängt, ausgeweidet und gevierteilt.

Noch auf dem Schafott beteuerte Lopez seine Unschuld und rief, dass er Elisabeth genauso liebte wie Jesus Christus, was in der Menge zu antisemitischem Gekicher führte. Im elisabethanischen Zeitalter kam nationale Sicherheit vor Freiheit, und Lopez, ein Jude und Ausländer, schien besonders verdächtig. Trotz Mangel an Beweisen reichten Gerüchte und Vorurteile, um die Todesstrafe zu verhängen.

OBEN: Auf diesem Kupferstich aus dem Jahr 1627 spricht Roderigo Lopez mit einem spanischen Verschwörer.

OBEN: Anthony Babington und sechs Mitverschwörer werden 1586 gehängt, ausgeweidet und gevierteilt.

Opium

*Opium ist ein Betäubungsmittel, das aus dem Milchsaft der Samenkapseln des Schlafmohns (*Papaver somniferum*) gewonnen wird. Der Mohn wird in der Türkei, Afghanistan, Myanmar, Kolumbien, Laos, Mexiko, Indien, Pakistan und Thailand angebaut.*

ALLGEMEINES:

Das Rohopium wird seit dem Altertum auf die gleiche Art gewonnen: Man ritzt die Samenkapsel an und wartet, bis sich der austretende Milchsaft gelb verfärbt, bevor man ihn abschabt und trocknen lässt. Das getrocknete Opium wird fein vermahlen, als Klumpen verkauft oder zu anderen Drogen wie Morphium, Codein und Heroin weiterverarbeitet. Diese sogenannten Opiate sind wirkungsvolle Schmerzmittel, machen aber auch süchtig: Sie gehören zu den am häufigsten missbrauchten Betäubungsmitteln der Geschichte. Die Sumerer nannten den Schlafmohn um 3400 v. Chr. „Freudenpflanze". Der griechische Arzt Galen behandelte um 150 n. Chr. seine Patienten mit Opium, und die Römer brachten die Droge ins vorarabische Asien. Ab dem 6. Jahrhundert verkauften arabische Händler Opium nach China und Indien. Im 16. Jahrhundert entwickelte der Arzt Paracelsus die Opiumtinktur Laudanum. Bis weit ins 20. Jahrhundert hinein wurde Opium als Schmerz- und Rauschmittel verwendet, bevor es in vielen westlichen Ländern verschreibungspflichtig gemacht wurde.

GIFTWIRKUNG:

Rohopium kann getrunken, verzehrt oder geraucht werden. In hohen Dosen wirkt Opium dämpfend auf die Atemwege und das zentrale Nervensystem, was zu Koma und zum Tod führen kann. Aufgrund der beeinträchtigten Atemfunktion kommt es zu einem Sauerstoffmangel und in Folge zu Lähmungserscheinungen und permanenten Schäden des Gehirns und der Wirbelsäule. Der regelmäßige Konsum von Opium verursacht einen körperlichen und geistigen Verfall und verkürzt das Leben.

GEGENÜBER: Mohnpflanze mit Samenkapsel.

UNTEN: Laudanum-Flaschen aus dem 19. Jahrhundert.

SYMPTOME:

Opium beeinträchtigt das Atemzentrum des Gehirns. Atemnot ist daher oft das erste Anzeichen einer Überdosis. Weitere Symptome sind verengte Pupillen, Übelkeit, Erbrechen, Verstopfung, langsamer Herzschlag, niedriger Blutdruck und Dehydrierung, gefolgt von Kreislaufversagen, Bewusstlosigkeit, Koma und Tod.

BEHANDLUNG:

Bei einer Opiumvergiftung wird der Magen ausgepumpt und anschließend Aktivkohle verabreicht, die das Gift bindet, sodass der Körper es ausscheiden kann. Häufig wird Naloxon als Gegenmittel verabreicht, da es die dämpfende Wirkung auf das Atem- und Nervensystem aufhebt.

BERÜHMTE VERGIFTUNGSFÄLLE:

- Charles Dickens war ein bekannter Opiumesser, der die Droge bis zu seinem Tod durch einen Schlaganfall im Jahr 1870 regelmäßig konsumierte. Im 19. Jahrhundert war Opium ein gängiges Schmerzmittel, das im Tabakladen verkauft wurde.
- Im späten 20. Jahrhundert vergiftete Harold Shipman mit dem Opiumderivat Morphium 250 Personen, was ihn zu einem der tödlichsten Serienmörder der Geschichte machte (Seiten 140–141).

Kapitel 3: Gifte im 17. und 18. Jahrhundert

Im 17. Jahrhundert gab es in Italien und Frankreich eine Reihe florierender Giftschulen. Niemand, weder arm noch reich, war vor einer Vergiftung sicher, aber die Adels- und Herrscherfamilien lebten ganz besonders gefährlich.

In Paris bestätigte der reiche, unmoralische Marquis de Sade die Theorie des Paracelsus, dass die Dosis das Gift mache: Er tötete vier Prostituierte mit dem angeblichen Aphrodisiakum Cantharidin.

Paris war auch die Heimat der Giftmischerin „La Voisin", zu deren Kunden unter anderem die engsten Vertrauten Ludwigs XIV. gehörten. Ihre Gifte, auch „Erbpulver" genannt, enthielten eine tödliche Mischung aus Arsen, Belladonna und Eisenhut, manchmal auch weniger wirksame Zutaten wie Fledermausblut, Samenflüssigkeit und Kindergedärme. Mit diesen Giften und mithilfe schwarzer Magie versuchte man, den König zu töten.

Auch im 17. Jahrhundert glaubten noch viele, dass eine Vergiftung ein übernatürlicher Tod war, um den man den Teufel bitten konnte. Besonders gefürchtet war die Hexerei. Die europäischen Hexen wurden seit jeher mit Giftpflanzen wie Bilsenkraut, Tollkirsche, Stechapfel und Alraune in Verbindung gebracht. Diese Pflanzen wurden als Halluzinogene in Ritualen verwendet. Oft stellte man daraus auch Salben her, die vaginal oder rektal angewendet wurden. Erst wurden die Schleimhäute wundgerieben, dann die Salbe mithilfe eines „Reitgegenstands", etwa eines Besenstiels, eingeführt. Das sollte der Hexe die Fähigkeit, „zum Hexensabbat zu fliegen" verleihen (Seite 10). Vor allem das Bilsenkraut kann eine Person in Trance versetzen und gibt ihr das Gefühl, über dem Boden zu schweben.

In Europa wurden zehntausende Frauen der Hexerei angeklagt und zur Strafe auf dem Scheiterhaufen verbrannt. Um den Hexenwahn einzudämmen, veröffentlichte Ludwig XIV. einen Erlass, der gefährlichen Aberglauben ablehnte – etwa dass der Besitz einer schwarzen Katze ein Beweis für das Praktizieren von Hexerei sei.

Während in Europa die Popularität der Hexenverbrennungen schwand, erreichte sie in der US-amerikanischen Kleinstadt Salem einen Höhepunkt. Eine Hexenjagd begann, als die Töchter der Stadtbewohner Anzeichen einer dämonischen Besessenheit zeigten: Sprachstörungen, Anfälle und unnatürliche Verrenkungen. Die Ursache könnte eine Vergiftung durch Mutterkorn gewesen sein.

Das Risiko einer versehentlichen Vergiftung besteht immer. Nachdem britische Soldaten einen Salat aus Stechapfelblättern verzehrt hatten, traten merkwürdige Symptome auf – zur großen Belustigung der einheimischen Siedler. Im folgenden Jahrhundert wurden nun auch in der neuen Welt Giftmorde mit den bewährten Methoden der alten Welt begangen. Und auf beiden Seiten des Atlantiks kam ein alter Bekannter wieder in Mode: das Gift Arsen.

GEGENÜBER: Ein Ritual der schwarzen Magie: Hexen bereiten Tränke zu und fliegen durch die Luft.

LE MARQUIS DE SADE

Sadismus und Giftpralinen

In einer Juninacht des Jahres 1772 besorgte sich der Marquis de Sade einige junge Prostituierte aus Marseilles für eine Nacht voller Sex und Gewalt.

Um die Frauen für die bevorstehende Unzucht, Auspeitschung und Demütigung gefügiger zu machen, gab der Marquis ihnen Pralinen, die mit Cantharidin gefüllt waren. Das Mittel sollte eine aphrodisierende Wirkung hervorrufen, vergiftete die Prostituierten jedoch.

De Sade und sein Diener Latour verließen Marseille auf der Flucht vor der Polizei. Es war nicht das erste Sexualverbrechen des Marquis: Vier Jahre zuvor kam nach dem Skandal um Rose Keller seine Perversion ans Licht.

Keller war die 36-jährige Witwe eines Bäckers, die auf dem Pariser Place des Victoires bettelte. Sie fiel dem Marquis auf, als sie unter einer Statue Ludwigs XIV. stand. De Sade, der eine graue Jacke mit weißen Manschetten und einen Gehstock trug, bot ihr einen Job als Haushälterin an. Dann brachte er sie in sein Haus in Arcueil, wo er ihr ein Messer an die Kehle hielt und sie zwang, sich auszuziehen. Er fesselte sie mit dem Gesicht nach unten ans Bett, dann peitschte er sie aus, goss heißes Wachs in ihre Wunden und verging sich an ihr. Als er ihre Fesseln löste, um die Wunden zu versorgen, floh Keller aus dem Schlafzimmer im zweiten Stock des Hauses und rannte in ein nahegelegenes Dorf. Dort zeigte sie ihre Verletzungen einigen Frauen. Die Behörden erließen daraufhin einen Haftbefehl gegen de Sade.

De Sades einflussreiche Familie bewahrte ihn jedoch vor einer langen Gefängnisstrafe und zahlte Keller eine Entschädigung. Der Einfluss des Adels war im vorrevolutionären Frankreich so groß, dass man sich von weitaus schlimmeren Verbrechen als der Entführung und Folter einer Bettlerin freikaufen konnte. Und das Verhalten des Marquis überraschte seine Familie nicht.

De Sade wurde am 2. Juni 1740 als Donatien Alphonse François geboren. Er entwickelte eine Faszination für das Auspeitschen, nachdem er im Jesuiten-Internat auf diese Weise bestraft worden war. Seine Vorliebe für sexuelle Gewalt beschrieb er in seinen Romanen. Seine Praktiken inspirierten zum Begriff „Sadismus“: eine Perversion, bei der man nur dann sexuelle Lust empfindet, wenn man anderen Schmerzen zufügt.

Nach der Schule und einer neunjährigen Karriere beim Militär nahm er Renée-Pélagie Montreuil, die Tochter eines reichen Richters, zur Frau. Berühmtheit erlangte er als Lebemann mit einer Vorliebe für das Quälen von Prostituierten, die er schon wenige Wochen nach der Hochzeit besuchte. Vor dem Marseille-Vorfall hatte er Latour beauftragt, vier oder fünf „sehr junge“ Prostituierte zu besorgen; das Cantharidin würde alle Hemmungen beseitigen, dachte de Sade.

Stattdessen verursachte das Gift bei zwei der Frauen starke Bauchschmerzen, Harndrang und das Erbrechen

OBEN: Der Diplomatensohn de Sade war für seine Sittenlosigkeit bekannt.

GEGENÜBER: Der Marquis de Sade, umgeben von geflügelten Teufeln.

einer schwarzen Flüssigkeit. Am folgenden Tag meldeten zwei andere Prostituierte der Polizei, dass ein Adliger versucht hatte, sie mit Pralinen zu vergiften.

De Sade und Latour entkamen nach Italien. Ein französisches Gericht hatte sie der Unzucht, des versuchten Giftmords und der moralischen Schande angeklagt. In ihrer Abwesenheit wurden zwei Strohfiguren an den Galgen gehängt. Die Männer wurden später verhaftet, flüchteten jedoch aus dem Gefängnis und versteckten sich auf de Sades Anwesen in Lacoste, wo die Gräueltaten fortgesetzt wurden. Der Marquis folterte eine Gruppe Jugendliche sechs Wochen lang in seinem Kerker – unter den duldenden Augen seiner Frau Renée-Pélagie.

Die Einheimischen nannten de Sade den „Werwolf". Ein Dorfbewohner versuchte ihn zu erschießen, nachdem der Marquis sich an seiner Tochter vergriffen hatte. Schließlich reichte es de Sades Schwiegermutter Madame Montreuil und sie ließ den König einen *lettre de cachet* unterzeichnen, eine Anordnung, den Marquis dauerhaft in Gewahrsam zu nehmen. De Sade wurde 1777 verhaftet und verbrachte 29 Jahre in Gefängnissen und in einer Irrenanstalt.

OBEN: Eine Bronze-Nachbildung des Schädels des Marquis de Sade.

Während seines Aufenthalts im Pariser Château de Vincennes und in der Bastille verfasste de Sade erotische Romane, von denen er selbst sagte, dass sie zu extrem waren, um veröffentlicht zu werden. Als Adliger war de Sade im Gefängnis mit Essen, Büchern und anderen Annehmlichkeiten gut versorgt, dennoch wurde er 1789 beim Sturm auf die Bastille befreit und während der Revolutionszeit vom Nationalkonvent beschäftigt. Im Jahr 1801 wurde er jedoch ohne Prozess wieder verhaftet, diesmal wegen der anonymen Publikation seiner Romane *Justine* und *Juliette*, die der spätere Kaiser Napoleon Bonaparte als „abscheulich" bezeichnete.

De Sade starb im Alter von 74 Jahren verarmt und reuelos in der Irrenanstalt Charenton, wo er Theaterstücke schrieb und mit anderen Insassen aufführte. Sein letzter Wunsch, kein christliches Begräbnis zu erhalten, wurde ignoriert. Seine Leiche wurde einmal exhumiert, um seinen Schädel phrenologisch zu untersuchen. Eine Bronzekopie davon befindet sich heute im Pariser Musée de l'Homme, wo auch Nachbildungen der Schädel der Revolutionsführer Maximilien Robespierre und Napoleon liegen.

GIFT ODER LUSTMITTEL?

Cantharidin, auch als *Spanische Fliege* bekannt, ist eines der zahlreichen Potenzmittel, die seit dem Altertum verwendet werden. Bereits auf assyrischen Keilschrifttafeln wurden aphrodisierende Pflanzen erwähnt, unter anderem Brennnessel, Klatschmohn und Asant, ein stinkendes Harz, das auch als Gewürz benutzt wird. Im alten Indien galten Krokodileier, verbrannte Perlen und Eidechsenaugen als lustfördernde Mittel. Nashornpulver wird in China auch heute noch verwendet. Das afrikanische Baumextrakt Yohimbin stimuliert das Nervensystem und steigert die Potenz. Hohe Dosen verursachen jedoch Schweißausbrüche, Erbrechen und Tod – wie es auch bei Cantharidin der Fall ist. Auch bei den Lustmitteln, besonders bei unregulierten, macht die Dosis das Gift.

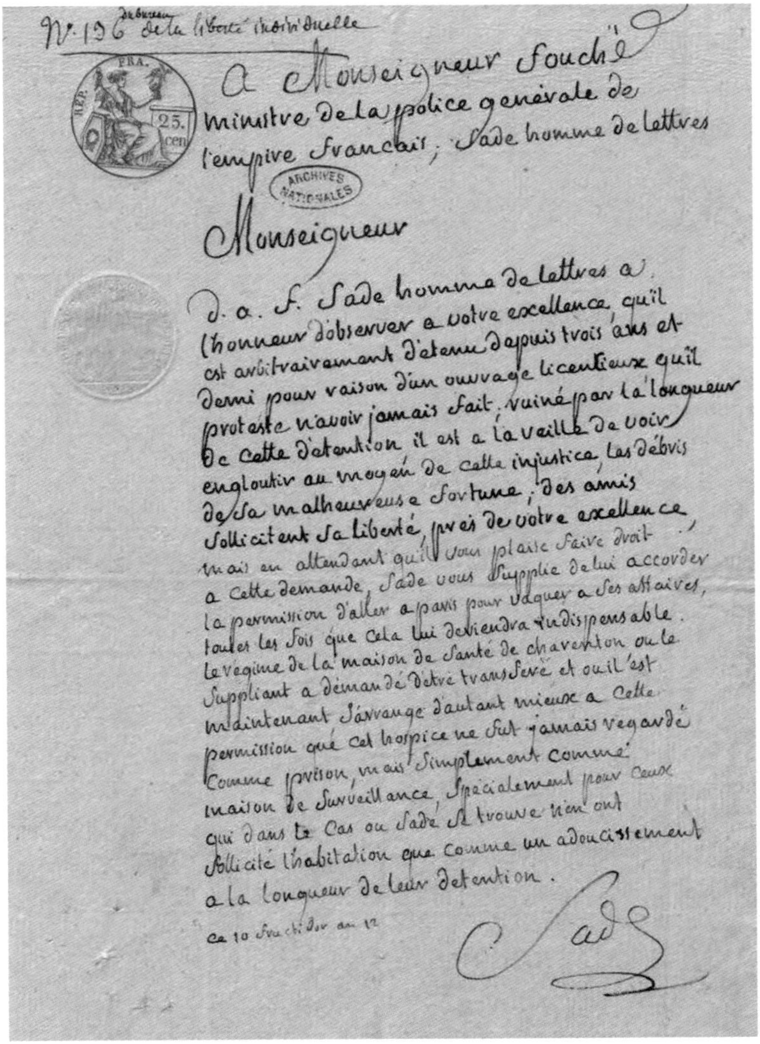

N°. 136 du bureau de la liberté individuelle

A Monseigneur Fouché
ministre de la police generale de
l'empire francais; Sade homme de lettres

RÉP. FRA. 25. cen

ARCHIVES NATIONALES

Monseigneur

D. A. F. Sade homme de lettres a
l'honneur d'observer a votre excellence, quil
est arbitrairement detenu depuis trois ans et
demi pour raison d'un ouvrage licentieux quil
proteste n'avoir jamais fait, ruiné par la longueur
de cette détention il est a la veille de voir
engloutir au moyen de cette injustice, les débris
de sa malheureuse fortune; des amis
sollicitent sa liberté, pres de votre excellence,
mais en attendant quil vous plaise faire droit
a cette demande, Sade vous supplie de lui accorder
la permission d'aller a paris pour vaquer a ses affaires,
toutes les fois que cela lui deviendra indispensable.
le régime de la maison de santé de charenton ou le
suppliant a demandé d'etre transferé et ou il est
maintenant s'arrange d'autant mieux a cette
permission que cet hospice ne fut jamais regardé
comme prison, mais simplement comme
maison de surveillance, spécialement pour ceux
qui dans le cas ou Sade se trouve n'en ont
sollicité l'habitation que comme un adoucissement
a la longueur de leur detention.

ce 10 fructidor an 12

Sade

OBEN: In einem Brief an den Polizeiminister Fouché bat der Marquis de Sade um Freigang aus seiner Gefängniszelle, damit er nach Paris reisen konnte.

Cantharidin

Der Wirkstoff Cantharidin wird aus Ölkäfern gewonnen, vor allem aus dem smaragdgrünen Ölkäfer namens Spanische Fliege (*Lytta vesicatoria*), nach dem das Gift auch umgangssprachlich benannt ist.

ALLGEMEINES:

Spanische Fliege ist ein Pulver aus den zermahlenen Käfern gleichen Namens und wird seit dem Altertum als Aphrodisiakum verwendet. Der Hauptwirkstoff des Gifts ist Cantharidin, ein Sekret, mit dem sich die Käfer vor Feinden schützen. Beim Menschen wirkt Cantharidin gefäßerweiternd und reizend auf die Blase und die Harnröhre. Bei Männern erzeugt es eine starke Erektion, bei Frauen einen Juckreiz im Genitalbereich, der, wie behauptet wurde, durch Geschlechtsverkehr gelindert wird. Wie die Geschichte jedoch zeigt, ist Cantharidin gefährlich und unberechenbar: Der Marquis de Sade vergiftete damit zwei Prostituierte, und hohe Dosen des Stoffs führten zu vielen Todesfällen. Eine Nebenwirkung von Cantharidin sind unangenehme Dauererektionen, die zu Impotenz führen können. Heute wird Cantharidin in kleinen Dosen zur äußerlichen Anwendung und nur unter ärztlicher Aufsicht eingesetzt.

GIFTWIRKUNG:

Cantharidin ist ein Vesikans – ein Blasen ziehendes Mittel, das in Dosen von 10 ml oder mehr tödlich sein kann. Bei Hautkontakt entstehen Blasen auf der Haut, bei der Einnahme werden sie im Inneren des Körpers gebildet, was zu inneren Blutungen im Verdauungstrakt sowie zu Nierenversagen führen kann. Als der Stoff im Jahr 1810 erstmals isoliert wurde, beschrieb ihn der Chemiker Pierre-Jean Robiquet als starkes Gift, das in seiner Wirkung nur von Strychnin übertroffen würde. Im Jahr 1880 wurde ein Test zum Nachweis von Cantharidin entwickelt. Dabei wurde wässriger Mageninhalt eines Toten durch Hitze reduziert. Der konzentrierte Extrakt wurde dann auf gesunder Haut platziert und mit einem Verband fixiert. Bildeten sich nach einigen Stunden Blasen, konnte man von Cantharidin ausgehen.

OBEN: „Aphrodisiakum“ aus der Spanischen Fliege.

GEGENÜBER: Die smaragdgrüne Spanische Fliege.

SYMPTOME:

Cantharidin ist ein starkes Reizgift. Verschluckt man es, können bereits 2 ml davon ein Brennen in Mund, Hals und Magen verursachen, gefolgt von Erbrechen und blutigem Durchfall. Höhere Dosen führen zu Herz- und Nierenversagen, Koma und schließlich zum Tod.

BEHANDLUNG:

Gegen Cantharidin gibt es kein Gegenmittel. Durch Flüssigkeitszufuhr kann das Gift verdünnt werden.

BERÜHMTE VERGIFTUNGSFÄLLE:

- Der Londoner Arthur Ford tötete 1954 versehentlich seine Arbeitskollegin Betty Grant. Er hatte Süßigkeiten mit Cantharidin versetzt, um Grant zu verführen. Auch eine Kollegin, die davon aß, starb durch das Gift. Ford gestand seine Tat und kam für 5 Jahre ins Gefängnis.
- Dem römischen Historiker Tacitus zufolge versetzte Livia, die Frau des Kaisers Augustus, die Speisen ihrer Gäste mit Cantharidin, sodass sie sexuelle Ausschweifungen begingen und später erpresst werden konnten.

CHEVROIAT
F. MONCHABLON

Die Giftaffäre

Im Jahr 1676 wurde Madame de Brinvilliers vom Hof Ludwigs XIV. des Mordes schuldig gesprochen. Sie hatte ihre Familie vergiftet.

Unter Wasserfolter, bei der man das Opfer auf ein Streckrad spannte und ihm gewaltsam Wasser einflößte, gestand de Brinvilliers, ihren Mann, ihren Vater und ihre Brüder ermordet zu haben, um an ihr Erbe zu gelangen. Bevor sie geköpft und auf dem Scheiterhaufen verbrannt wurde, belastete sie noch andere Adelige des Hofs. Die Giftaffäre nahm ihren Lauf.

Das Geständnis der Madame de Brinvilliers sorgte für Aufruhr am Hof von König Ludwig XIV., an dem es einige mysteriöse Todesfälle gegeben hatte. Der Sonnenkönig vermutete ein Verbrechen und richtete eine Ermittlungsbehörde ein, die *Chambre ardente* („glühende Kammer"). Unter der Leitung des Pariser Polizeichefs Gabriel Nicolas de la Reynie bewegte man schon bald einige Wahrsager, Alchemisten und ehemalige Priester dazu, die Identität der Giftmischer, die an französische Adelige Potenzmittel verkauft hatten, preiszugeben.

Der bekannteste Name darunter war Catherine Monvoisin, genannt „La Voisin", eine Gifthändlerin und mutmaßliche Hexe. Nach ihrer Festnahme und Befragung gestand sie, zahlreiche Adlige, darunter auch enge Vertraute des Königs, mit Giften, Tränken und Pulvern beliefert zu haben. La Voisin führte eine Liste ihrer Kunden, auf der, zu Ludwigs großem Schock, auch seine ehemalige Mätresse Madame de Montespan stand.

Der König hatte eine Reihe von Geliebten gehabt, aber Montespan übertraf sie alle. Die zauberhafte, intelligente Schönheit hatte das Herz des Königs erobert. Ludwig hatte Montespan mit Geschenken und Zuneigung überschüttet – bis sie ihm das letzte von sieben unehelichen Kindern geboren hatte und die Mutter von neun Kindern ihre vorgeburtliche Figur nicht wiedererlangte.

Es war nur eine Frage der Zeit, bis Ludwig seiner fülligen Mätresse überdrüssig wurde und sich eine neue Liebschaft suchte. Wenig überraschend fiel sein Blick auf Mademoiselle de Fontanges, die als „schön wie ein Engel und dumm wie ein Korb" beschrieben wurde und den König beeindruckte. Er schmückte seine Jacken mit Bändern, die zu ihren Kleidern passten, gab ihr eine großzügige Pension und verlieh ihr einen neuen Titel. Schon bald trugen die Frauen am Hof ihr Haar in einer „Fontange", und die neue Mätresse war schwanger. Montespan, die vor Wut kochte, bezeichnete die Fontange-Mode als „geschmacklos". Der Aussage der La Voisin zufolge war das der Moment, in dem sich Montespan entschlossen hatte, nicht nur Fontanges, sondern auch Ludwig zu vergiften.

Aber schon zuvor hatte Montespan öfter zum Gift gegriffen, um die Lage zu ihrem Vorteil zu beeinflussen: Sie war eine Stammkundin der La Voisin. Die Gifthändlerin enthüllte vor der *Chambre ardente*, dass Montespan seit vielen Jahren bei ihr Potenzmittel kaufte und schwarze Magie praktizierte, um sich die Gunst des Königs zu sichern. Nachdem Fontanges Schwangerschaft bekannt wurde, bot Montespan der Giftmischerin ein kleines Vermögen, um den König und seine Mätresse zu töten.

Die von La Voisin erdachte Mordmethode für Fontanges waren ein vergiftetes Kleid und ein Paar vergiftete Handschuhe. Der König sollte einen Brief erhalten, ein typisches Anliegen eines Untertanen, dessen Papier mit Gift getränkt worden war. Doch bevor La Voisin ihren Plan in die Tat umsetzen konnte, wurde sie von Gabriel Nicolas de la Reynie im Zusammenhang mit der Giftaffäre der Brinvilliers verhaftet. Anschließend dauerte es nicht lange, bis auch das Mordkomplott der Montespan aufflog.

GEGENÜBER: Die Wasserfolter der Madame de Brinvilliers.

OBEN: Catherine Monvoisin, genannt „La Voisin".

Die Geständnisse von La Voisin und ihrer Tochter waren der Anstoß zu einer fieberhaften Hexenjagd der *Chambre ardente*, die zur Verhaftung und Hinrichtung von 36 Personen führte. Den Verdächtigen wurde der Einsatz von Zauberei oder Gift vorgeworfen. La Voisin wurde auf dem Scheiterhaufen verbrannt. Über 34 hochrangige Adlige wurden ins Exil verbannt. Ludwig verfügte 1682 einen Erlass, der Zauberei, Gifte und ihre Anwendung verbot.

Als Ludwig von den Liebestränken der Montespan erfuhr, wurde ihm so manches klar. Nach einem Stelldichein mit Montespan hatte er oft unter körperlichen Beschwerden wie Kopfschmerzen gelitten. Trotz der Beweise brachte er es nicht über sich, seine ehemalige Mätresse und Mutter einiger seiner Kinder hinrichten zu lassen. Stattdessen musste sie die restlichen 17 Jahre ihres Lebens in einem Kloster verbringen.

Mademoiselle de Fontanges schenkte Ludwig keine Kinder. Sie erlitt zwei Fehlgeburten und starb schließlich nach einer rätselhaften Krankheit, die über ein Jahr gedauert hatte. Am Hof vermutete man, dass Montespans Mordpläne doch noch aufgegangen waren, aber die Obduktion ergab keine Anzeichen für eine Vergiftung. Dennoch konnte zu jener Zeit kein Beweis das Gerücht zerstreuen, dass Fontanges an Gift gestorben war.

OBEN: Ludwig XIV. und Madame de Montespan.

GIFTMISCHER UND IHRE KUNDEN

Die Giftaffäre enthüllte das zwielichtige Geschäft mit Liebestränken, Glücksbringern, Zaubersprüchen und Giften, die man im Volksmund *Erbpulver* nannte. Verwendet wurden sie von renommierten Adeligen, unter anderem vom Herzog von Buckingham und vom Marschall von Luxemburg, zum Zwecke der Verführung, finanziellen Bereicherung und Beseitigung von Rivalen. Im Zentrum dieser Aktivitäten stand die Hexe, Wahrsagerin und Engelmacherin La Voisin. Sie trug eine Robe aus rotem Samt, die mit goldenen Adlern bestickt war. Ihr Assistent war der missgestaltete ehemalige Priester Étienne Guibourg. La Voisin sollte eigentlich gefoltert werden, aber bei ihrem Verhör gab man ihr Alkohol, was schon reichte, um ihr ein Geständnis zu entlocken. Nach der Hinrichtung der La Voisin half ihre Tochter der *Chambre ardente* bei den Ermittlungen.

ERBPULVER

Die *Erbpulver*, die den Adligen am Hof Ludwigs XIV. verkauft wurden, bestanden wohl aus einer Mischung aus Arsen, Eisenhut, Belladonna und Opium. Die Rezeptur basierte auf dem Gift *Aqua tofana* (Seiten 55–56), das einige Jahrzehnte zuvor in Italien entwickelt worden war. Die Liebestränke, die Montespan für Ludwig XIV. zubereiten ließ, enthielten Fledermausblut, Cantharidin, Eisenspäne, Menstruationsblut und Samenflüssigkeit. Ein Trank bestand angeblich auch aus den Eingeweiden, dem Blut und den Knochen eines Säuglings, die nach der rituellen Opferung des Kindes zermahlen wurden. Étienne Guibourg bestätigte, mit Montespan und La Voisin an dem Ritual teilgenommen zu haben. Während der Ausweidung wurde ein Kruzifix über den nackten Bauch von Montespan gehalten.

Die Hexenprozesse von Salem

Im Januar des Jahres 1692 traten im Ort Salem, im US-Bundesstaat Massachusetts, bei drei Mädchen rätselhafte Symptome auf, die für eine Teufelsbesessenheit gehalten wurden.

Elizabeth Parris, Abigail Williams und Ann Putnam litten unter Anfällen, Sprachstörungen und unnatürlichen Verrenkungen. Bei einer Befragung beschuldigten die Mädchen eine karibische Sklavin, eine Bettlerin und eine bettlägerige alte Frau, die Symptome verursacht zu haben. Das Urteil: Hexerei.

Vor Beginn des 17. Jahrhunderts war die Hexenjagd ein vorwiegend europäisches Phänomen. Zwischen dem 14. und 18. Jahrhundert wurden in Europa zehntausende Frauen wegen Hexerei hingerichtet. Als der Hexenwahn in Europa endlich abklang, entflammte er im kleinen Ort Salem jedoch von neuem.

In Salem war die Kluft zwischen Arm und Reich besonders groß. Die Kleinstadt wurde von Flüchtlingen aus dem Krieg des englischen Königs Wilhelm III. gegen Frankreich überschwemmt. Außerdem schwelte ein Konflikt zwischen den Anhängern des kontroversen neuen Predigers Samuel Parris und seinen Gegnern.

Es war Parris gewesen, der seiner Tochter Elizabeth und seiner Nichte Abigail das Geständnis abgerungen hatte, dass die Haussklavin Tituba die Mädchen zusammen mit der Bettlerin Sarah Good und der Witwe Sarah Osborn verhext hatte. Osborn und Good stritten die Anklage ab, aber Tituba sagte den Vernehmenden schließlich, was sie hören wollten: dass sie einen Pakt mit dem Teufel geschlossen hatte und in seinem Buch die Namen Good, Osborn und sieben andere gesehen hatte.

In Salem brach Panik aus. Weitere Mädchen wurden von Anfällen heimgesucht, dutzende Personen wurden der Hexerei bezichtigt, darunter auch angesehene Bürgerinnen. Die Meinungen teilten sich in die üblichen gespaltenen Lager. Die Angeklagten mussten sich ohne rechtlichen Beistand vor sieben Richtern verteidigen. Die Hexenprozesse dauerten mehrere Wochen.

Da auch „geisterhafte Beweise" zugelassen waren, zeigten die Opfer auf die Angeklagten, deren „Geister" sie angeblich gepiesackt hatten. Zusätzlich wimmerten, brabbelten und wanden sich die Opfer jedes Mal, wenn eine der Angeklagten in den Zeugenstand trat. Wer ein Geständnis ablegte oder andere Hexen verriet, durfte am Leben bleiben. All jene, die auf ihrer Unschuld beharrten, wurden hart bestraft. Nur wenige trauten sich, die unfairen Prozesse zu kritisieren. Neunzehn Frauen wurden gehängt, ein älterer Mann wurde zum Tod durch Zerquetschen verurteilt. Fünf weitere Personen starben in Untersuchungshaft.

Im Jahr 1702 wurden die Hexenprozesse von Salem offiziell für gesetzeswidrig erklärt. Man versuchte, eine medizinische Ursache für die Anfälle der Mädchen zu finden. Eine spätere Theorie vermutet eine Vergiftung mit Mutterkornpilz, die durch den Verzehr von befallenem Roggen verursacht wurde. Die Symptome einer solchen Vergiftung sind Wahnvorstellungen, Erstickungsanfälle und Halluzinationen. Aber keine Erklärung entschuldigt das Verhalten der Hexenjäger, die ihre Mitbürger ohne fairen Prozess verurteilt und ermordet hatten.

GEGENÜBER: Eine dramatisierte Darstellung der Hexenprozesse aus dem 19. Jahrhundert.

Mutterkorn

Das Mutterkorn ist eine Dauerform der Pilzgattung Claviceps, *die Weizen, Roggen, Gerste und andere Getreidearten befällt. Am häufigsten ist der Purpurbraune Mutterkornpilz (*Claviceps purpurea*), der Ergotismus verursacht.*

ALLGEMEINES:

Heute erscheint uns das Europa des Mittelalters oft wie ein Hort der Krankheiten. Der Schwarze Tod, das Antoniusfeuer und der Veitstanz suchten regelmäßig Städte und Dörfer heim und dezimierten die Bevölkerung. Die Opfer des Antoniusfeuers wurden von einem heftigen Wahn befallen und ihre Finger, Zehen, Hände und Füße verfärbten sich schwarz und fielen ab. Der Veitstanz verursachte Krämpfe, Halluzinationen, Erstickungsanfälle und extreme Zuckungen, die damals als dämonische Besessenheit gedeutet wurden. Heute weiß man, dass diese und andere Krankheiten des Mittelalters – vielleicht sogar die Pest – eigentlich die Symptome von Ergotismus sind, einer Vergiftung durch Mutterkornpilz. In den Regionen Europas und Nordamerikas, in denen besonders viele Fälle von Hexerei vermeldet wurden, war Roggen das Grundnahrungsmittel der Bevölkerung. Dieses Getreide war besonders oft vom Mutterkornpilz befallen. Die angebliche Besessenheit der Opfer der Hexenjagd war aller Wahrscheinlichkeit nach also nichts anderes als eine Pilzvergiftung.

GIFTWIRKUNG:

Man unterscheidet eine konvulsivische (krampfartige) und eine gangränöse (brandige) Form des Ergotismus. Beide werden von den Mutterkornalkaloiden des Pilzes verursacht. Alle diese Alkaloide können die Halluzinationen und extremen Krampfanfälle des konvulsivischen Ergotismus auslösen. Der gangränöse Ergotismus blockiert die Blutversorgung im Körper, was zum Absterben des Gewebes sowie zu Infektionen und Nekrosen führt. In extremen Fällen folgen der Verlust der Gliedmaßen und schließlich der Tod.

GEGENÜBER: Vergrößerte Darstellung des Mutterkornpilzes.

SYMPTOME:

Zu den Symptomen des konvulsivischen Ergotismus gehören unter anderem Krämpfe, Anfälle, Durchfall, chronischer Juckreiz, Torkeln, Übelkeit und Erbrechen, gefolgt von Wahnvorstellungen und Halluzinationen. Beim häufigeren gangränösen Ergotismus treten Taubheitsgefühle, Muskelzucken, schwacher Puls, Kribbeln und Schwarzfärbung der Gliedmaßen auf, bevor das Gewebe komplett abstirbt. Nur äußerst selten ist das Opfer der Vergiftung gleichzeitig von beiden Formen des Ergotismus betroffen.

BEHANDLUNG:

Gegen Ergotismus gibt es kein Gegengift. Zur Behandlung der Krämpfe werden Beruhigungsmittel gegeben, und gegen die Durchblutungsstörungen helfen gerinnungshemmende und gefäßerweiternde Mittel.

BERÜHMTE VERGIFTUNGSFÄLLE:

- In der Wikingersaga *Heimskringla* wird überliefert, dass der norwegische König Magnus Haraldsson einige Jahre nach der Schlacht von Hastings an Ergotismus starb.
- Im Jahr 1951 wurden in der französischen Gemeinde Pont-Saint-Esprit 4000 Personen von Halluzinationen, Erbrechen, Kribbeln in den Extremitäten und Krämpfen heimgesucht. Auch hier war Ergotismus die Ursache.
- Ein Ausbruch der Pest in Europa im Jahr 857, bei dem die Opfer an Beulen und Nekrosen der Gliedmaßen litten, soll durch Ergotismus verursacht worden sein. Es gibt auch die Theorie, dass der Schwarze Tod, der im 14. Jahrhundert die Bevölkerung Europas dahinraffte, nicht durch die Beulenpest, sondern durch eine Vergiftung mit dem Mutterkornpilz ausgelöst wurde.

Giftmahlzeit in Jamestown

Im Jahr 1676 erreichte den englischen König Karl II. die Meldung von einem bewaffneten Aufstand in den amerikanischen Kolonien. In Virginia hatten Rebellen die Hauptstadt Jamestown niedergebrannt.

Karl schickte seine Truppen los, damit sie für Ordnung sorgten. Nachdem die Soldaten die Blätter der Pflanze *Datura stramonium* gegessen hatten, war es mit ihrem Kampfgeist jedoch vorbei.

Auslöser für den Konflikt in Virginia war die Weigerung des Gouverneurs William Berkeley, die Angriffe von amerikanischen Ureinwohnern auf die englischen Siedlungen mit Gewalt zu vergelten. Der aufgebrachte Nathaniel Bacon berief eine Versammlung ein, auf der er die teilnehmenden Siedler mit Brandy versorgte und daraufhin zum Anführer der Rebellen gewählt wurde. Bacon befahl den brutalen Angriff auf ein benachbartes Dorf der Susquehannock und verlangte anschließend von Berkeley, ein Heer gegen weitere amerikanische Ureinwohner in dem Gebiet führen zu dürfen. Sein Ansuchen wurde abgelehnt und Bacons Aufstand begann. Einige Monate später steckten rund 500 Rebellen die Stadt Jamestown in Brand.

Die ahnungslosen britischen Soldaten, die 1676 auf die Rebellen losgelassen wurden, hatten aber Glück und der Aufstand dauerte nicht lange. Die Soldaten hatten große Mengen von Stechapfelblättern verzehrt, da sie die Pflanze für Kräuter gehalten hatten. Robert Beverley schrieb 1705 in seinem Buch *The History and Present State of Virginia* über die Vergiftung:

„Einige der Soldaten, die Bacons Rebellion im Keim ersticken sollten ... aßen reichlich davon, und die Auswirkungen ähnelten einer Komödie, denn die Männer benahmen sich tagelang wie geborene Narren: einer pustete eine Feder in die Luft, ein anderer warf wie verrückt mit Strohhalmen danach, ein weiterer saß splitterfasernackt in einer Ecke wie ein Affe, schmunzelte und schnitt Grimassen; ein vierter küsste und betatschte liebevoll seine Kameraden und grinste sie mit der grotesken Miene eines Possenreißers an.

„In diesem Wahnzustand wurden sie eingesperrt, damit sie sich nicht aus Torheit etwas antaten – auch wenn ihr Verhalten augenscheinlich harmlos und gutmütig war. Auf Sauberkeit legten sie jedoch keinen Wert, und hätte man sie nicht daran gehindert, hätten sie sich in ihrem Kot herumgewälzt. Tausende solcher Narreteien führten sie auf, bis sie nach elf Tagen wieder normal waren und sich an nichts mehr aus jener Zeit erinnern konnten."

Die Soldaten erholten sich von ihrem Stumpfsinn ohne bleibende Schäden. Der Rebellenführer Nathaniel Bacon starb noch im selben Jahr an der Ruhr und die aufständischen Siedler widmeten sich einige Monate später wieder der Landwirtschaft. Viele hielten die Rebellion jedoch für einen Vorboten der Amerikanischen Revolution und der darauffolgenden Unabhängigkeit Amerikas vom britischen Kolonialreich.

GEGENÜBER: Die Stadt Jamestown in Virginia brennt während Bacons Rebellion im Jahr 1676.

Yᵉ MOON

Stechapfel

Der Weiße Stechapfel* Datura stramonium *ist eine der neun giftigen Blütenpflanzen aus der Familie der Nachtschattengewächse. Umgangssprachlich wird er auch Asthmakraut, Donnerkugel oder Tollkraut genannt.

ALLGEMEINES:

Der Stechapfel ist wohl für die meisten Vergiftungen durch Pflanzen verantwortlich. Das blassgrüne, krautige Gewächs wird bis zu 1,5 Meter hoch und trägt grünviolette Blätter und weiße und violette Blüten. Die giftigen Samen befinden sich in harten, stacheligen Samenkapseln. Zwar haben die Samen und Blätter einen bitteren Geschmack, aber durch versehentliches Mischen mit Futter wurden damit schon viele Nutztiere vergiftet. Aufgrund seiner halluzinogenen Wirkung wurde der Stechapfel von den Ureinwohnern Amerikas geraucht oder als Tee getrunken und wird von neugierigen Jugendlichen auch heute noch konsumiert. Die betäubende Wirkung der Pflanze, die bei hohen Dosen sehr unangenehm ist, kann über zwei Tage lang anhalten. Bei einer Stechapfelvergiftung können Halluzinationen von sprechenden Gegenständen, imaginären Personen und dem Rauchen von Phantomzigaretten auftreten. Der botanische Name *Datura* stammt wohl aus dem alten Indien, wo die Verbrecherbande *dhatureas* ihre Opfer mit der Pflanze betäubte. Manche vermuten, dass der Stechapfel auch für die Visionen des Orakels von Delphi im antiken Griechenland verantwortlich war. Die Azteken gaben ihn ihren Ritualopfern, bevor sie ihre Herzen herausrissen.

GIFTWIRKUNG:

Die drei Giftstoffe im Stechapfel sind Hyoscyamin, Atropin und Scopolamin. Sie sind starke Anticholinergika, die den Neurotransmitter Acetylcholin blockieren, was wiederum die Zellfunktion beeinträchtigt. Die Symptome einer Vergiftung mit Anticholinergika treten nach 30 Minuten auf. Hohe Dosen können rasch zum Tod führen. Bereits ein halber Teelöffel der Stechapfelsamen kann Anfälle und Herzversagen hervorrufen, wobei die Giftigkeit der Samen je nach Art, Jahreszeit und Lebensraum der Pflanze variiert. Das erschwert es, eine verträgliche Dosis zu ermitteln.

GEGENÜBER: Botanische Illustration von Datura stramonium.

SYMPTOME:

Die Stechapfelvergiftung beschrieb man wie folgt: „Rot wie eine Rübe, trocken wie ein Knochen, blind wie eine Fledermaus, verrückt wie ein Hutmacher." Zu ihnen gehören Mundtrockenheit, starker Durst, erhitzte Haut, Kopfschmerzen, Sprach- und Koordinationsstörungen, Schwindel, schwacher Puls, Orientierungslosigkeit, Harnverhalt, Verstopfung, Halluzinationen, Krämpfe, Koma und Tod. Versehentliche oder absichtliche Überdosierungen kommen häufig vor.

BEHANDLUNG:

Gegen die anticholinerge Wirkung von Datura wird manchmal Physostigmin gegeben. Aktivkohle bindet das Gift im Verdauungstrakt, Beruhigungsmittel mindern die Symptome.

BERÜHMTE VERGIFTUNGSFÄLLE:

- Beim Rückzug aus Parthien im Jahr 38 litten der römische Feldherr Marcus Antonius und seine Armee unter Hunger. Einige der Soldaten aßen Stechäpfel, woraufhin sie „jeden Stein auf ihrem Weg mit größter Ernsthaftigkeit umdrehten, als wäre es eine schwierige Aufgabe". Die Redewendung „keinen Stein auf dem anderen lassen" soll auf diesen Vorfall zurückzuführen sein.
- Im Jahr 2008 traten bei einer Familie aus Maryland in den USA Verwirrung, Lachkrämpfe, Erbrechen und Halluzinationen auf. Nach 30 Minuten verloren zwei Personen das Bewusstsein; die anderen wurden aggressiv und desorientiert. Sie hatten einen Eintopf gegessen, der versehentlich mit Stechapfel gewürzt worden war.

Die Mörderin Mary Blandy

Mary Blandy wirkte eigentlich nicht wie eine Vatermörderin. Sie war eine gebildete Frau aus der Mittelschicht, die in einem grünen Vorort der Stadt Henley-on-Thames in der Grafschaft Oxfordshire aufgewachsen war.

Marys Vater Francis war ein erfolgreicher Anwalt und wollte nur das Beste für seine Tochter. Sein Versuch, einen Ehemann für sie zu finden, führte jedoch zu seinem Tod durch Vergiften und zu Marys Hinrichtung durch den Strang.

Im Jahr 1746 war Mary Blandy Ende Zwanzig und noch immer nicht verheiratet. Ihr Vater hatte Angst, dass sie keinen Mann mehr finden würde. Da kam ihm eine Idee. Er gab eine Anzeige in der Lokalzeitung auf und bot darin einem potenziellen Gatten die stattliche Mitgift von 10.000 Pfund an. Viele Männer meldeten sich, aber nur einer schien gut genug zu sein: William Henry Cranstoun.

Cranstoun war ein Hauptmann der Armee und der Sohn eines schottischen Adeligen. Leider war sein Aussehen weniger attraktiv als sein gehobener Status. Er war klein, hatte unvorteilhafte Gesichtszüge und zahlreiche Pockennarben. Außerdem war er 12 Jahre älter als Mary und war, wie sich erst herausstellte, als er schon eine Weile mit Mary verlobt war, bereits verheiratet. Als Francis davon erfuhr, kochte er vor Wut. Er löste die Verlobung, obwohl Cranstoun beteuerte, dass seine Ehe nicht rechtskräftig war.

Die Hochzeit wurde abgesagt, aber Mary traf sich weiterhin heimlich mit Cranstoun. Für Francis war jedoch klar, dass er keinen Bigamisten in die Familie aufnehmen würde. Um das Problem zu lösen, erdachte Cranstoun einen Plan. Er besorgte ein weißes Pulver, das er als Liebestonikum bezeichnete. Mary sollte das Pulver ins Essen ihres Vaters mischen, sodass er ihrem schottischen Verehrer verzeihen und eine Heirat erlauben würde.

Bei Cranstouns Pulver handelte es sich jedoch um Arsen, mit dem Mary ihren Vater allmählich vergiftete. Am 14. August 1751 starb Francis, und Cranstoun tauchte rasch unter. Francis' Arzt, Anthony Addington, hatte einen Rest des Pulvers in weiser Voraussicht getestet, indem er ihn verbrannte. Dabei entstand ein Geruch nach Knoblauch, ein bekannter Hinweis auf Arsen. Addingtons Test war eine der ersten forensischen Untersuchungen, die den Einsatz von Gift als Mordwaffe nachgewiesen hatten.

Mary wurde am 6. April 1752 gehängt. Man beschrieb sie abwechselnd entweder als „verwirrte, liebeskranke Närrin", die ihren Vater unwissentlich tötete, sowie als „kaltblütige Mörderin", die genau wusste, was sie tat. Die Komik an der tragischen Geschichte liegt in der Tatsache, dass Cranstoun nie eine Mitgift von 10.000 Pfund erhalten hätte. Denn als Francis Bland starb, besaß er gerade einmal 4000 Pfund.

OBEN: Der konservierte Magen eines Patienten mit hämorrhagischer Gastritis. Er starb vermutlich an einer Arsenvergiftung.

OBEN: Mary Blandys letzte Worte bei ihrer Hinrichtung lauteten angeblich: „Hängt mich nicht hoch, Gentlemen, um des Anstands Willen!“

Kapitel 4:
Gifte im 19. Jahrhundert

Die viktorianische Epoche war das goldene Zeitalter des Giftmords. An jeder Straßenecke konnte man Gift kaufen, und die Einführung der Lebensversicherung bot ein neues, profitables Motiv für deren Verwendung.

Auf einmal hatte das Leben einen Preis, und für viele war dieser Preis hoch genug, um den Ehepartner oder ein anderes Familienmitglied heimlich zu ermorden. Gift war die perfekte Methode, denn es war schwer nachzuweisen und konnte von Frauen und Männern gleichermaßen gut eingesetzt werden. Das beliebteste Gift jener Zeit war Arsen.

Arsen war das berühmte, allgegenwärtige Gift des 19. Jahrhunderts, das in England vom Rattengift bis zur Tapete überall enthalten war. Jeder konnte im Laden um die Ecke Arsen genauso problemlos wie Brot oder Milch kaufen. Kein Wunder, dass es keine beliebtere Mordmethode gab als das Vergiften mit Arsen.

Seit den 1820er-Jahren war die Anzahl der Giftmorde kontinuierlich angestiegen und erreichte um 1850 ihren Höhepunkt. Wenig überraschend wurden zur gleichen Zeit auch die neuen Methoden der forensischen Toxikologie entwickelt. Im Jahr 1832 sollte James Marsh, ein Chemiker der Londoner Rüstungsfabrik Royal Arsenal, den Körper des Giftopfers George Bodle auf Arsen untersuchen. Leider war die Probe des Mageninhalts bereits zu alt, sodass der Verdächtige, Georges Enkel John, wieder freigelassen werden musste. Später gestand John das Verbrechen. Das machte Marsh so wütend, dass er seine Methode zum Nachweis von Arsen perfektionierte.

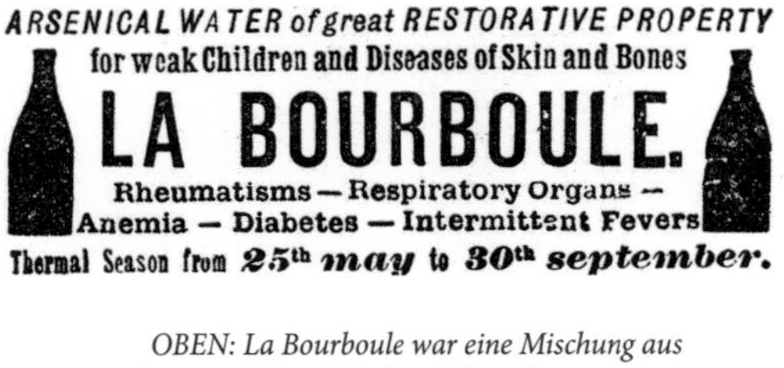

OBEN: La Bourboule war eine Mischung aus Arsen und französischem Mineralwasser, die im 19. Jahrhundert als Allheilmittel verkauft wurde.

Die nach ihm benannte Marshsche Probe weckte das Interesse von Chemikern auf der ganzen Welt. Der deutsche Chemiker Karl Friedrich bezeichnete sie als revolutionär. Die Presse erfuhr schon bald, was damit gemeint war. Der spanische Chemiker Mathieu Orfila wies 1840 mithilfe der Marshschen Probe Arsen im Körper von Charles Lafarge nach. Charles Frau Marie war daraufhin die erste Person, die aufgrund eines toxikologischen Gutachtens überführt wurde. Sie wurde zu lebenslanger Haft verurteilt. Die Marshsche Probe galt schon bald als Aufdeckerin der Giftmischer.

Von da an konnten Vergiftungen mit forensischen Methoden nachgewiesen werden. Der Giftmord war nicht mehr das, was er einmal gewesen war.

Um den Ermittlern zu entgehen, suchten die potenziellen Mörder nach immer neuen Giften, die nicht nachgewiesen werden konnten. Im 20. Jahrhundert entwickelte die Sowjetunion unbekannte Gifte wie Nowitschok, das lange Zeit, von der Toxikologie unbemerkt, tötete. Gegen Ende des viktorianischen Zeitalters versuchten aber viele noch ihr Glück mit Arsen, Strychnin und einem neuen Gift, das einige Jahrzehnte später schreckliche Bekanntheit erlangen sollte: Cyanid.

OBEN: Der britische Chemiker James Marsh entwickelte die erste verlässliche Methode zum Nachweis von Arsen.

Eine vergiftete Ehe

Als Florence Elizabeth Maybrick schuldig gesprochen wurde, ihren Ehemann mit Arsen vergiftet zu haben, ging ein Aufschrei durch die Öffentlichkeit. Am 7. August 1889, dem Tag des Urteils, kam es beinahe zu Ausschreitungen.

Ein Bericht der Zeitung The Illustrated Police News beschreibt den Vorfall: „Die Menge fand sich vor dem Gericht ein, jubelte der Gefangenen zu, zischte die Geschworenen an, buhte den Richter aus – und lynchte ihn fast." Das Volk stand eindeutig auf Florences Seite. War sie denn schuldig?

James Maybrick war ein stadtbekannter Hypochonder, der alle damals populären Stärkungsmittel einnahm, unter anderem Strychnin, Cyanid, Bilsenkraut und Morphium. Für seine schwindende Libido trank er auch täglich von der Fowlerschen Lösung, die Arsen enthielt. James war mit der jugendlichen Amerikanerin Florence verheiratet, die er 1880 auf einer Schiffsreise kennengelernt hatte und die 23 Jahre jünger war als er. Aber er war ein Schürzenjäger, der mit einer seiner Geliebten fünf Kinder hatte.

Als Florence von James' Affären Wind bekam, ging es mit ihrer Ehe abwärts. Sie stürzte sich selbst in eine Liebschaft, was James herausfand. Von da an kam es zu häufigen Auseinandersetzungen. Auf einem Ausflug nach London verpasste ihr James sogar ein blaues Auge. Laut ihrer Aussage vor Gericht kaufte Florence daraufhin eine arsenhaltige Tapete, aus der sie das Gift mithilfe von Wasser herauslöste, angeblich um damit Make-up herzustellen. Die Anklage warf ihr aber vor, damit ihren Mann vergiftet zu haben.

Im April 1889 erkrankte James nach der Einnahme eines strychninhaltigen Stärkungsmittels. Er starb am 11. Mai. Seine Brüder verlangten eine Untersuchung der Leiche, an der tatsächlich Spuren von Arsen festgestellt wurden. Die Ermittler fanden außerdem heraus, dass James bei einem Apotheker mehrere Male Arsen gekauft hatte. In seinem Haus entdeckte man genug Arsen, um 50 Menschen zu töten. Als Florence vor Gericht stand, wurden ihre Seitensprünge gegen sie verwendet. Der Richter sagte zu den Geschworenen, dass Florence deswegen nicht besser als eine Mörderin war. Sie wurde zum Tod durch den Strang verurteilt.

Nach einem öffentlichen Aufschrei auf beiden Seiten des Atlantiks wurde das Urteil überprüft. Der britische Innenminister und der Schatzkanzler bestätigten in einer schriftlichen Erklärung, dass „die Beweislast die Mordabsicht von Mrs. Maybrick deutlich belegt, aber es berechtigte Zweifel gibt, ob das auf diese Weise verabreichte Arsen tatsächlich zum Tode führte".

Florences Strafe wurde daraufhin in lebenslange Haft umgewandelt. Sie verbrachte neun Monate in Einzelhaft und wurde anschließend in den Normalvollzug verlegt, in dem das „silent system" galt, was den Insassen das Sprechen miteinander verbot. Nach ihrer Entlassung im Jahr 1904 zog Florence wieder in die USA. Dort hielt sie regelmäßig Vorträge, in denen sie ihre Unschuld beteuerte. Im Jahr 1941 starb sie allein und verarmt in einem verwahrlosten Haus in Connecticut.

LINKS: Die Fowlersche Lösung, die auch Arsen enthielt, war im 19. Jahrhundert ein beliebtes Mittel zur Behandlung von Schuppenflechte.

OBEN: Florence Elizabeth Maybrick hörte nie auf, ihre Unschuld zu beteuern. In ihrem Buch My Fifteen Lost Years *aus dem Jahr 1905 schilderte sie ihre Geschichte.*

Süßes Gift in Bradford

An einem Sonntagmorgen, am 30. Oktober 1858, wurde die englische Stadt Bradford von einer rätselhaften Seuche heimgesucht. Zwei Jungen starben plötzlich, mehrere andere litten unter erschreckenden Symptomen.

Manche glaubten an einen Ausbruch der Cholera oder der Pest. Im Verlauf des Tages wurden noch weitere Todesfälle gemeldet. Die Polizei vermutete ein Verbrechen und entdeckte schon bald den Übeltäter: Pfefferminzbonbons.

Einige Tage zuvor hatte William Hardaker in Bradford seinen Süßigkeitenstand aufgebaut. Wie immer verkaufte er seine beliebten Pfefferminzbonbons. Diese Charge hatte er jedoch zu einem Sonderpreis erhalten, da die Farbe nicht so schön war wie sonst. Hardakers Lieferant war der Süßwaren-Großhändler Joseph Neal, der statt Zucker auch schon mal eine Zutat namens „*daft*“ verwendete.

Daft war ein Pulver, das normalerweise Gipsmehl, Kalkstein, Calciumsulfat und ähnliche Stoffe enthielt, und mit dem man den teuren Zucker manchmal streckte. Leider war Joseph Neals letzte Bestellung von 12 Pfund *daft* in der Apotheke von einem ungeschickten Assistenten bearbeitet worden. Statt der 12 Pfund *daft* hatte der junge Mann 12 Pfund Arsentrioxid aus dem Behälter daneben abgefüllt. Beide Zutaten waren weiße Pulver von einer ähnlichen Beschaffenheit.

Der Konditor, der für Joseph Neal arbeitete, hatte den Eindruck, dass die aus dem neuen Pulver hergestellten Pfefferminzbonbons anders aussahen. Er dachte sich aber nichts dabei und probierte eines der Bonbons, bevor er die Charge an William Hardaker verkaufte, der ebenfalls ein Bonbon aß. Kurz darauf erkrankten beide Männer. Da Hardaker die Bonbons mit Rabatt gekauft hatte, bot er sie auch zu einem Sonderpreis an und machte an diesem Tag ein Bombengeschäft.

Sonntagnacht wurden die Bürger von Bradford von Geschrei geweckt: Der Ausrufer des Bezirks warnte lautstark vor den tödlichen Bonbons. Zu diesem Zeitpunkt waren bereits über 200 Personen erkrankt. Später starben 20 von ihnen an den Folgen einer Arsenvergiftung. Wie sich herausstellte, befand sich in jedem Bonbon genug Arsen, um zwei Erwachsene zu töten. Tags darauf erschienen der Apotheker, sein Assistent und Joseph Neal vor Gericht, wo sie sich wegen Totschlags verantworten mussten. Keiner von ihnen kam ins Gefängnis.

Dieser tragische Fehler des Assistenten führte dazu, dass 1860 ein Gesetz für die Verfälschung von Lebensmitteln erlassen wurde. Es legte auch fest, welche Zutaten eine Süßigkeit enthalten durfte. Der Vergiftungsfall von Bradford war auch der Anstoß für das britische Apothekengesetz von 1868, das Apothekern und Herstellern strenge Vorschriften für die Handhabung und den Verkauf bestimmter Gifte auferlegte. Schließlich sorgte 1874 die Abschaffung der Zuckersteuer dafür, dass Zucker für jeden bezahlbar wurde.

GEGENÜBER: Dieser Cartoon der Satirezeitschrift Punch *aus dem Jahr 1858 zeigt die Bonbonvergiftung von Bradford. Die Verfälschung von Nahrungsmitteln war im viktorianischen England ein häufiges Problem.*

THE GREAT LOZENGE-MAKER.

Die schwarze Witwe Mary Ann Cotton

Der plötzliche Tod von Mary Ann Cottons siebenjährigem Stiefsohn schien verdächtig. Wegen des Jungen durfte Mary Ann nicht wieder heiraten, aber vor einem Beamten hatte sie beiläufig erwähnt, dass sie sich „nicht lange herumplagen" werde.

Die folgende Ermittlung entlarvte Mary Ann als die tödlichste Giftmörderin des viktorianischen Zeitalters: Sie war die „schwarze Witwe", die ihre Ehemänner und Kinder systematisch ermordete.

Die Bergmannstochter Mary Ann Robson wurde 1832 in der englischen Grafschaft Durham geboren. Bevor sie im Jahr 1852 ihren Ehemann Nr. 1, William Mowbray, heiratete, arbeitete sie als Krankenschwester. In den darauffolgenden zehn Jahren hatte das Paar acht oder neun Kinder, aber bis auf drei starben alle. Als Todesursache wurde „gastrisches Fieber" angegeben. Dieser allgemeine Begriff umfasste Krankheiten wie Typhus, die häufig zum plötzlichen Kindstod führten. Die Symptome ähnelten jenen einer Arsenvergiftung.

Aber nicht nur Kinder starben am gastrischen Fieber. Auch William Mowbray erlag 1864 dieser Krankheit und an Mary Ann wurde seine Lebensversicherung von 35 Pfund ausbezahlt – was ungefähr sechs Monatsgehältern eines Arbeiters entsprach. Mary Ann lud ihr verbleibendes Kind bei ihrer Mutter ab und heiratete im Jahr 1865 Ehemann Nr. 2, George Ward. Die Ehe hielt ein Jahr, dann starb Ward, und Mary Ann erhielt eine weitere Lebensversicherung.

Dann zog Mary Ann zu ihrer Mutter, die eine Woche später starb, und anschließend wieder nach Durham, wo sie 1867 Ehemann Nr. 3, James Robinson, ehelichte. Nachdem drei weitere ihrer Kinder gestorben waren und Mary Ann ihren Gatten bat, eine Lebensversicherung abzuschließen, warf Robinson sie aus dem Haus.

Mary Ann war eine Weile obdachlos, bevor sie zur Bigamistin wurde und Ehemann Nr. 4 heiratete: Frederick Cotton. Währen dieser Ehe starben Cotton, seine Schwester und drei seiner Kinder – zwei davon hatte er mit Mary Ann. Nun ließ sich Mary Ann mit ihrem ehemaligen Geliebten Joseph Nattrass ein. Zu dieser Zeit wurde sie von einem anderen Mann, John Quick-Manning, schwanger. Im Jahr 1872 starb Nattrass, und Mary Ann sagte zu einem Beamten, dass sie sich nicht lange mit ihrem Stiefsohn Charles Cotton „herumplagen" würde, damit sie Quick-Manning bald heiraten konnte.

Nach Charles' Tod alarmierte der Beamte die Polizei. Bei einer Obduktion wurde im Magen des Jungen Arsen gefunden. Daraufhin wurden Nattrass und einige von Mary Anns Kindern exhumiert – sie alle waren an einer Arsenvergiftung gestorben. Mary Ann wurde nur für den Giftmord an Charles angeklagt, aber man vermutet, dass sie bis zu 21 Menschen mit Arsen getötet hatte. Die Presse nannte sie die „schwarze Witwe". Sie wurde 1873 zum Tod durch den Strang verurteilt und gehängt.

Eine makabre Anekdote zum Abschluss: Das Seil des Galgens war zu kurz, sodass Mary Anns Genick beim Fallen nicht gebrochen wurde. Der Henker musste sich an ihre Schultern hängen, um die Strangulation zu beschleunigen. Dennoch dauerte es ganze drei Minuten, bis Mary starb.

GEGENÜBER: Mary Ann Cotton. Sie gilt als die schlimmste Serienmörderin Großbritanniens.

Streik der Streichholzmädchen

Im Jahr 1888 veröffentlichte die englische Sozialreformerin Annie Besant einen schockierenden Artikel über eine Streichholzfabrik im Londoner East End. Junge Mädchen mussten dort für einen Hungerlohn 14 Stunden am Tag arbeiten und wurden von ihren Vorarbeitern regelmäßig bestraft und gezüchtigt.

Noch dazu waren sie ständig dem hochgiftigen weißen Phosphor ausgesetzt, der damals den Streichholzköpfen hinzugefügt wurde und bei vielen Arbeitern eine verheerende Phosphornekrose des Unterkiefers verursachte.

Besants Artikel trug die Überschrift „Weiße Sklaverei in London" und sorgte für Empörung unter den Lesern, aber auch unter den Eigentümern der Streichholzfabrik Bryant & May. Besant offenbarte in ihrem Artikel die unmenschlichen Arbeitsbedingungen der zum Teil erst 13-jährigen Mädchen.

Die Mädchen arbeiteten von 6:30 Uhr bis 18:00 Uhr. Sie mussten die gesamte Zeit stehen und hatten nur zwei Pausen. Während der Arbeit durften sie nicht sprechen oder sitzen. Je nach Alter erhielten sie vier bis neun Schilling pro Woche. Davon gingen zwei Schilling für die Miete drauf und der Rest für Lebensmittel. Für die meisten Mädchen bestand jede Mahlzeit aus Butterbrot und Tee.

Es gab so viele Bußgelder und Abzüge, dass kaum ein Mädchen den kompletten Lohn ausbezahlt bekam. Mädchen, die Streichhölzer fallenließen, sprachen oder unerlaubt auf die Toilette gingen, mussten ein Strafgeld von bis zu einem Schilling bezahlen. Außerdem sollten sie nicht auf ihre Finger, sondern auf die Maschinen achten, auch wenn sie sich dabei verletzten. Manchmal wurden die Mädchen von den Vorarbeitern geschlagen.

Der weiße Phosphor, aus dem die Streichholzköpfe hergestellt wurden, machte die Fabrik zur Todesfalle. Das Gift verursacht mit der Zeit eine Phosphornekrose, was zum Absterben des Unterkiefers führt. Die ersten Anzeichen waren furchtbare Zahnschmerzen und Schwellungen des Zahnfleischs. Der Kiefer begann grünlich zu leuchten, was im Dunkeln zu sehen war. Die Amputation des Kiefers war oft die einzige Rettung. Nicht selten kam es zu Gehirnschäden und zum Tod.

Die Eigentümer von Bryant & May, die von ihrem Geschäft eine 22-prozentige Dividende erhielten, bestritten die Enthüllungen des Artikels. Sie drängten die Mädchen, die Anschuldigungen Besants schriftlich zu widerlegen. Aber die Arbeiterinnen hatten genug und streikten. Bryant & May mussten ihren Angestellten schließlich neue Verträge anbieten, die unter anderem höhere Löhne und die Abschaffung der Bußgelder festlegten – ein wichtiger Sieg für die britische Arbeiterbewegung. Der weiße Phosphor wurde noch bis 1906 zur Streichholzherstellung verwendet. Mit seinem Verbot verschwanden auch die Fälle von Phosphornekrose.

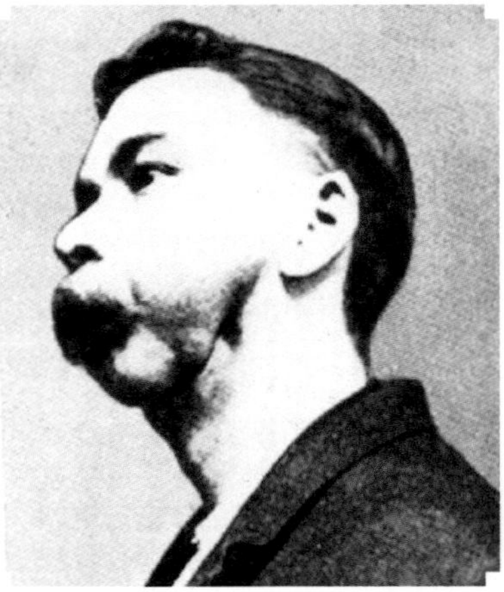

OBEN: Ein Arbeiter aus dem 19. Jahrhundert. Sein Kiefer ist von einer Phosphornekrose befallen.

OBEN: Die Streichholzmädchen aus der Fabrik Bryant & May im Londoner East End. Ihr erfolgreicher Streik war ein früher Triumph der britischen Arbeiterbewegung.

Phosphor

Das Nichtmetall Phosphor hat das Elementsymbol P und kommt in Phosphatgestein vor. Spuren davon finden sich auch im menschlichen Urin. Es gibt weißen, roten und schwarzen Phosphor.

ALLGEMEINES:

Phosphor wurde wohl bereits im 12. Jahrhundert von arabischen Alchemisten isoliert, aber erst 1669 wiederentdeckt. Weil er im Dunkeln leuchtete, glaubte der deutsche Alchemist Hennig Brand, dass es sich dabei um den legendären „Stein der Weisen" handle. Um Phosphor zu gewinnen, ließ Brand 50 Eimer Urin so lange stehen, bis sie „Würmer bildeten". Dann reduzierte er den Urin zu einer Paste, die er mit Sand erhitzte, um den Phosphor zu destillieren. Im 19. Jahrhundert entwickelte der Schotte James Burgess Readman einen Schmelzofen, der aus Phosphatgestein Phosphor gewann. Mit diesem Verfahren wird der Stoff auch heute noch extrahiert. Da Phosphor das 13. entdeckte Element war und in Giften vorkam, nannte man ihn das „Element des Teufels". Phosphor entzündet sich an der Luft selbst und wird für die Herstellung von Dünger, Streichhölzern und Feuerwerk verwendet. Im Zweiten Weltkrieg füllten die Briten damit Brandbomben, und auch in anderen Konflikten kam Phosphor zum Einsatz. Weißer Phosphor ist leicht entflammbar und kann andere Brennstoffe entzünden. Er klebt an Kleidung, Haut und Gewebe und kann Verbrennungen dritten Grades verursachen. Nervengase – die giftigsten bekannten Stoffe – sind organische Phosphorderivate.

GIFTWIRKUNG:

Von allen Erscheinungsformen wurde der weiße Phosphor am häufigsten als Gift verwendet. Sein Verzehr kann fatal sein: Bereits 15 mg können einen Erwachsenen töten. Überlebende einer Phosphorvergiftung berichteten über rauchenden Stuhlgang. Die extreme Giftwirkung entsteht durch freie Radikale, die von der Leber nur langsam abgebaut werden, sodass sich der Phosphor im Körper anreichert. Das Gift greift das Nervensystem an, was zu Nieren-, Leber- und Herzschäden führen kann. Das Einatmen von weißem Phosphor kann eine Phosphornekrose hervorrufen (Seite 96). Auch über die Haut dringt der Stoff ein und kann Verbrennungen dritten Grades, Vergiftungen und multiples Organversagen verursachen.

GEGENÜBER: Ein Brocken Phosphatgestein in reinem Zustand.

SYMPTOME:

Nach dem Verschlucken von Phosphor kommt es zu Bauchschmerzen, Durchfall und Erbrechen von leuchtendem Mageninhalt, gefolgt von Krämpfen und Koma. Der Tod tritt nach einigen Stunden bis drei Tagen ein. Nach dem Einatmen von Dämpfen oder der Aufnahme durch die Haut treten die Symptome meist innerhalb von zwei Tagen auf: unter anderem Übelkeit, Husten, Erbrechen, extreme Erschöpfung, Benommenheit, niedriger Blutdruck, Herzbeschwerden, Krämpfe und schließlich der Tod. Eine chronische Phosphorvergiftung führt zu einer Phosphornekrose, dem Absterben des Kiefers.

BEHANDLUNG:

Es gibt kein Gegenmittel für eine Phosphorvergiftung. Das Ausspülen des Magens und die Gabe von Aktivkohle helfen dem Körper, das Gift auszuscheiden. Das Erbrechen einzuleiten wird jedoch nicht empfohlen. Bei einer Phosphornekrose hilft nur die Amputation des Kiefers.

BERÜHMTE VERGIFTUNGSFÄLLE:

Beim Konflikt im Gazastreifen 2008–2009 warf das israelische Militär Phosphorgranaten auf palästinensische Zivilisten, darunter ein Flüchtlingslager und eine Schule, in der Kinder Zuflucht suchten. Über 1400 Palästinenser starben, viele an den schweren Wunden, als sich der Phosphor durch die Haut bis zu den Knochen einbrannte.

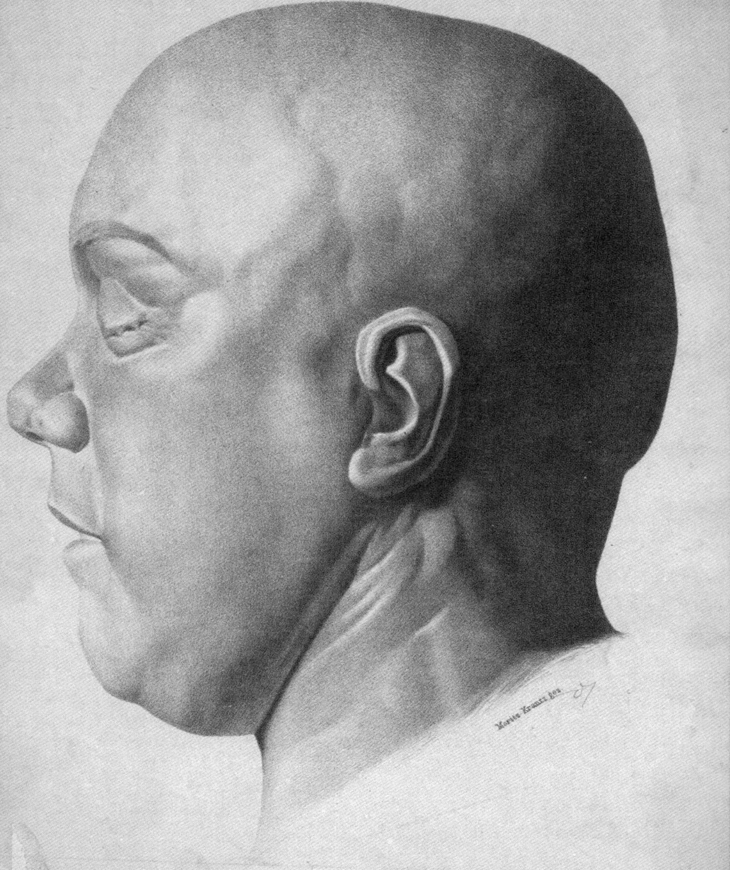

WILLIAM PALMER.

F. A. Brockhaus' Geogr.-artist. Anstalt, Leipzig

p. 85

Ein Arzt als Giftmörder

Zur Hinrichtung des Arztes William Palmer im englischen Stafford erschienen 30.000 Schaulustige. Manche von ihnen hatten die Nacht im Regen verbracht, um sich einen guten Platz zu sichern – so berüchtigt war Palmer, der „Prinz der Giftmischer“, der für Geld zum Mörder wurde.

Am 14. Juni 1856 wurde Palmer gehängt. Danach wurde sein Strick in kleine Stücke geschnitten und als Souvenir verkauft.

William Palmer beging seinen ersten Mord nach seiner Ausbildung zum Chirurgen im Londoner Krankenhaus St. Bartholomew's. Palmer forderte den Ehemann seiner Angebeteten zu einem Wetttrinken heraus. Als der Mann nach Hause kam, brach er tot zusammen. Man vermutete ein Giftverbrechen, konnte es jedoch nicht beweisen.

Schon bald eröffnete Palmer in seiner Heimatstadt Rugeley eine Praxis und heiratete Ann Thornton, eine junge Frau mit einer reichen Mutter. Anns Mutter lieh Palmer Geld und starb auf rätselhafte Weise nach einem zweiwöchigen Besuch bei dem Paar. In ihrem Testament hatte sie den beiden jedoch nur wenig vermacht. Palmer war enttäuscht und begann, auf Pferde zu wetten.

Zu den Pferderennen wurde Palmer von Leonard Bladen begleitet. Bladen lieh dem Arzt innerhalb weniger Monate hunderte Pfund. Eines Abends, in Palmers Haus, wurde er plötzlich von Schmerzen geplagt und starb kurz darauf. Das Geld, das er an diesem Tag auf der Rennbahn gewonnen hatte, verschwand. Als Todesursache wurde seltsamerweise eine „Verletzung des Beckens“ angegeben.

Weitere Personen in Palmers Umfeld starben. Palmers Frau Ann hatte fünf Kinder geboren, aber vier von ihnen starben im Säuglingsalter: ein Sohn starb drei Tage, ein anderer sieben Stunden nach der Geburt. Ein Kindstod war zu jener Zeit jedoch keine Seltenheit. Als Todesursache wurde für alle vier Kinder „Krampfanfälle“ angegeben.

GEGENÜBER: Eine Zeichnung der Totenmaske William Palmers von einer Büste desselben. Vor Palmers Hinrichtung hatte man ihm den Kopf rasiert.

Heute vermutet man, dass Palmer seine Finger in Strychnin oder Antimon und dann in Zucker getaucht hatte und die Babys daran saugen ließ.

Weniger Kinder bedeutete geringere Ausgaben, aber Palmer hatte immer noch hohe Schulden. Der Kreislauf aus Wetten, Geld verprassen und Morden, um seine Schulden zu bezahlen, ging bis zu seiner Verhaftung weiter. Sein nächstes Opfer war seine 27-jährige Frau Ann. Er schloss eine Lebensversicherung auf sie ab und tötete sie einige Monate später. Die offizielle Todesursache war Cholera, an der zu jener Zeit tausende Briten starben. Nun war Palmer frei und konnte sein Junggesellenleben genießen. Die 13.000 Pfund aus Anns Lebensversicherung reichten jedoch nicht aus, um seine Schulden zu begleichen.

Da ihm seine Gläubiger im Nacken saßen, schloss Palmer eine Lebensversicherung auf seinen Bruder Walter ab. Walter war als Trunkenbold bekannt. Palmer schloss eine weitere Versicherung auf einen befreundeten Landarbeiter ab. Als Walter und der Landarbeiter starben, schöpften die Versicherungsfirmen Verdacht und verweigerten die Auszahlung. Die darauffolgende Ermittlung konnte jedoch keinen Beweis für einen Betrug erbringen.

Schließlich verließ Palmer das Glück. Im Jahr 1855 steckte er so tief in den Schulden, dass seine Gläubiger drohten, seine Mutter – eine seiner Einnahmequellen – zu benachrichtigen. Außerdem war er Vater eines unehelichen Kindes geworden. Er verbrachte viel Zeit auf der Rennbahn, in Begleitung eines wohlhabenden Freundes namens John Cook. Nach dem Rennen – Palmer hatte wie immer viel Geld verloren – feierte Cook seinen Gewinn. Plötzlich griff er sich an den Hals und klagte, dass der Gin in seiner Kehle brannte. Dann übergab er sich.

Das geschah noch ein weiteres Mal in Palmers Gegenwart, und noch einmal, nachdem Palmer seinem Freund eine Flasche Gin als Geschenk geschickt hatte und Cook nach dem Trinken zu erbrechen begann. Da Palmer Arzt war, ließ er es sich nicht nehmen, Cook persönlich zu behandeln – und zwar durch die Gabe von Strychnin. Cook schrie sofort voller Qualen auf und rief, dass er nicht atmen könne. Schließlich starb er. Sein Rücken war stark nach hinten gekrümmt.

Palmer ließ sich dann Cooks saftige Gewinnsumme in dessen Namen auszahlen. Außerdem versuchte er, die Obduktion an Cooks Leiche zu sabotieren: Er sah dem Pathologen bei der Arbeit zu, schubste ihn „versehentlich“ und machte sich an einer Probe von Cooks Magen, die als Beweismittel gesichert worden war, zu schaffen. Eine zweite Obduktion fand statt, aber ein Tod durch Vergiften konnte nicht festgestellt werden. Der Pathologe machte jedoch kein Hehl aus seinem Verdacht und sagte, dass Cook von William Palmer vorsätzlich vergiftet worden war.

Aber die Beweise ließen nicht lange auf sich warten. Die Leichen von Palmers Frau Ann und seines Bruders Walter wurden exhumiert. In Ann fand man beträchtliche Spuren von Antimon. Weitere Indizien wiesen auf Palmer als Täter hin: Zwei Apotheker sagten aus, an Palmer Strychnin verkauft zu haben, aber die Verteidigung entgegnete, dass dieses Gift weder bei Cook noch bei Ann im Magen gefunden wurde. Eine Zeit lang sah es aus, als ob Palmer ungestraft davonkommen würde, besonders als der vorsitzende Richter zu den Geschworenen sagte, dass er Palmer für unschuldig hielt.

Als die Anklage vorbrachte, dass Palmer gemordet hatte, um an Geld zu gelangen und nicht in den Schuldturm zu wandern, wurden die Geschworenen hellhörig.

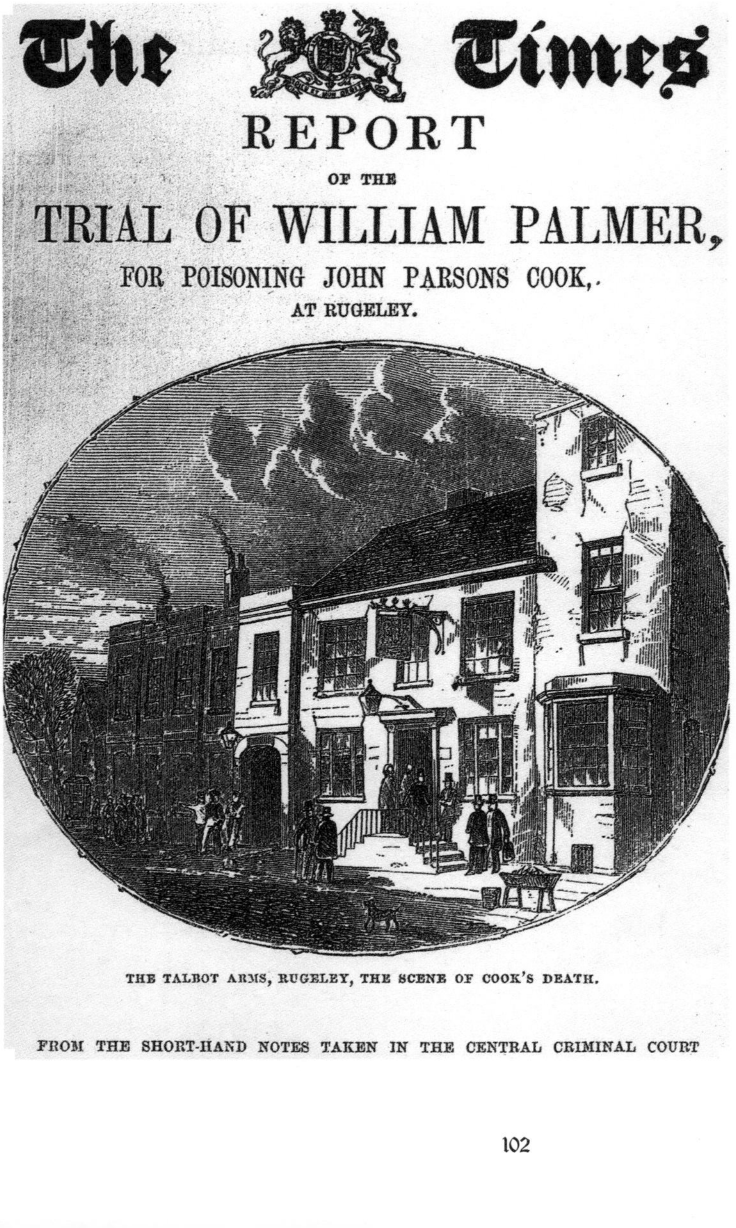

The Times

REPORT

OF THE

TRIAL OF WILLIAM PALMER,

FOR POISONING JOHN PARSONS COOK,

AT RUGELEY.

THE TALBOT ARMS, RUGELEY, THE SCENE OF COOK'S DEATH.

FROM THE SHORT-HAND NOTES TAKEN IN THE CENTRAL CRIMINAL COURT

LINKS: Das Talbot Arms Inn in Rugeley, wo John Cook 1855 qualvoll starb. Auch die Autopsie wurde dort abgehalten.

OBEN: Der Friedhof St. Augustine in Rugeley, auf dem John Cook und einige Angehörige Palmers begraben sind.

Nach einer Stunde Beratung befanden die Geschworenen den Angeklagten für schuldig. Das Urteil war kontrovers, da es wenige eindeutige Beweise für die Morde gab. Nach Palmers Hinrichtung kamen jedoch noch einige pikante Details ans Licht – unter anderem hatte sich Palmer selbst ein Rezept für Strychnin und Opium ausgestellt.

Auf dem Schafott wurde Palmer gefragt, ob er seine Verbrechen gestehen wolle, was er verneinte. Nachdem er gehängt und Teile des Stricks um fünf Schilling pro Stück verkauft wurden, ließ man zwei Totenmasken von ihm anfertigen. Anschließend wurde seine Leiche in einen Sack gestopft und in einem Massengrab unter dem Fenster der Gefängniskapelle beigesetzt. In den Worten seines Zeitgenossen Charles Dickens war William Palmer „der größte Schuft, der jemals im Old Bailey [Londoner Gerichtsgebäude] stand". Als Mörder seiner Freunde und Familie erlangte Palmer traurige Berühmtheit.

ANTIMON

Antimon ist ein silbergraues Halbmetall, das früher zum Entwurmen von Tieren verwendet wurde. In höheren Dosen ist es für Menschen extrem giftig. Die Menge einer tödlichen Dosis liegt zwischen 100 und 200 mg. Die Wirkung ähnelt jener von Arsen. Antimon blockiert im Körper wichtige Enzyme und zerstört rote Blutzellen. Eine akute Vergiftung äußert sich durch eine Magen-Darm-Entzündung, Übelkeit, Erbrechen und blutige Durchfälle, gefolgt von Nierenversagen. Es gibt kein Gegenmittel für eine Antimonvergiftung. Behandelt wird sie durch das Ausspülen des Magens und die Gabe von Dimercaprol, um das Gift schneller auszuscheiden. Manchmal wird auch eine Bluttransfusion durchgeführt, um die zerstörten Blutzellen zu ersetzen.

Strychnin

Das Gift Strychnin wird aus den Samen der Gewöhnlichen Brechnuss (*Strychnos nux-vomica*) und aus anderen Pflanzen der Gattung *Strychnos* gewonnen.

ALLGEMEINES:

Im Jahr 1818 wurde Strychnin von französischen Chemikern erstmals in der Ignatius-Brechnuss (*S. ignatii*) nachgewiesen. Berühmt wurde das Gift als Mordwaffe in den Krimis der Autorin Agatha Christie. Zu Christies Zeit konnte man Strychnin als Rattengift oder Arzneimittel rezeptfrei in der Apotheke kaufen. Christies Figuren, etwa Mrs. Inglethorp, bekamen Strychnin als Stärkungsmittel und Appetitanreger verschrieben. Als Mordwaffe wurde es wohl aufgrund der dramatischen Symptome wie Krampfanfälle und Erstickung gewählt. Die letzten dokumentierten Giftmorde mit Strychnin stammen aus dem 19. Jahrhundert. Im Vergleich zu anderen Giften wurde Strychnin eher selten zum Morden, aber häufig zum Töten von Tieren verwendet, und das seit Jahrhunderten. In kleinen Dosen nahm man es im späten 19. Jahrhundert auch als Mittel zur Leistungssteigerung im Sport, da es ähnlich stimulierend wie Kaffee wirkt und die Ausdauer fördert.

GIFTWIRKUNG:

Strychnin beeinträchtigt die motorischen Fähigkeiten, indem es sich an einen der beiden Neurotransmitter, die Signale zwischen den Nervenzellen übertragen, bindet. Einer dieser Neurotransmitter (Acetylcholin) aktiviert die Neuronen, der andere (Glycin) dämpft sie wieder. Strychnin hängt sich an die Glycinrezeptoren und blockiert dadurch das dämpfende Signal an die Nervenzellen. So bleiben die Neuronen in einem erregten Zustand, der schon durch geringste Reize verstärkt wird. Dadurch kommt es zu unkontrollierten Zuckungen und schließlich zu den heftigen Krampfanfällen, wie man sie von den Vergiftungsopfern in Krimis kennt.

SYMPTOME:

Strychnin greift das zentrale Nervensystem an und verursacht das gleichzeitige Verkrampfen der Muskeln, besonders in den Armen und Beinen, im Rücken, im Halsbereich und auch im Gesicht. Dadurch krümmt sich der Rücken stark und das Gesicht verzerrt sich, wodurch das Opfer aussieht, als würde es lächeln. Der Tod tritt meist durch Ersticken ein, da Strychnin die Atemfähigkeit blockiert. Dabei bleibt der Betroffene jedoch bei vollem Bewusstsein, denn das Gift stimuliert das Gehirn und schärft die Wahrnehmung. Das Opfer erstarrt schließlich mit weit aufgerissenen Augen in einem letzten Krampf. Der Tod durch Strychnin scheint ein qualvolles Sterben zu sein.

BEHANDLUNG:

Eine Magenspülung, bevor die ersten Symptome auftreten, kann dem Giftopfer das Leben retten. Sobald sich Symptome zeigen, kann man die Krämpfe durch die Gabe eines Muskelrelaxans und Beruhigungsmitteln sowie dem Ruhen des Patienten in einem dunklen, stillen Raum mindern. Werden die Symptome kontrolliert, kann der Körper das Gift innerhalb von etwa 24 Stunden ausscheiden.

BERÜHMTE VERGIFTUNGSFÄLLE:

Der SS-Offizier Oskar Dirlewanger war ein berüchtigter Sadist und Psychopath. Er zwang weibliche jüdische Gefangene, sich auszuziehen, und spritzte ihnen zu seiner Belustigung Strychnin. Dann sah er ihnen dabei zu, wie sie unter Krämpfen starben.

GEGENÜBER: Botanische Illustration des Brechnussbaums.

Thomas Cream und das Chloroform

Als Dr. Thomas Neill Cream 1892 im Newgate-Gefängnis gehängt wurde, soll er die folgenden letzte Worte ausgestoßen haben, bevor sich die Schlinge um den Hals zog: „Ich bin Jack … ." War das ein Geständnis?

War Cream, der „Giftmörder von Lambeth", der für den Mord an mehreren Prostituierten zum Tode verurteilt worden war, vielleicht auch Jack the Ripper? Es klang nicht abwegig, dass Cream, ein Sadist, der auf zwei Kontinenten getötet hatte, noch weitere Morde begangen haben sollte.

Cream wurde 1850 in Glasgow geboren, wuchs in Kanada auf und studierte am McGill College in Montreal Medizin. Das Thema seiner Doktorarbeit war Chloroform. Cream verwendete Chloroform bei einer Abtreibung – bei Flora Brooks, einer Frau, die er geschwängert und bei dem illegalen Eingriff fast getötet hatte. Der erzürnte Vater von Brooks bestand darauf, dass die beiden heirateten, was sie auch taten, bevor Cream seine Ausbildung in London und Edinburgh fortsetzte. Seine Frau, die in Kanada blieb, hatte er mit einer „Medizin" versorgt. Kurz darauf starb Flora – angeblich an Tuberkulose, aber es gab keine Obduktion.

Als Cream 1879 nach Kanada zurückkehrte, bezichtigte man ihn des Mordes an seiner Patientin und Geliebten Kate Gardener. Gardener war tot in einer Hütte hinter seiner Praxis gefunden worden. Sie war schwanger und an einer Chloroformvergiftung gestorben.

Cream floh nach Chicago, wo er eine illegale Abtreibungsklinik für Prostituierte eröffnete. Im Jahr 1880 wurde er des Mordes an der Prostituierten Mary Ann Faulkner angeklagt. Man hatte ihre Leiche in der Wohnung von Creams Assistenten gefunden. Cream gab seinem Assistenten die Schuld an der verpfuschten Abtreibung und kam noch einmal ungeschoren davon.

GEGENÜBER: Der Arzt und Frauenmörder Thomas Cream tötete auf beiden Seiten des Atlantiks.

Nachdem Cream eine Zeitungsannonce für ein von ihm entwickeltes Antiepileptikum aufgegeben hatte, vergiftete er einen seiner Patienten, Daniel Stott. Dann verführte er Stotts Frau und brachte sie dazu, den Apotheker zu beschuldigen, die falschen Tabletten gegeben zu haben. Cream informierte sogar den Leichenbeschauer, dass die Vergiftung kein Unfall, sondern ein Verbrechen gewesen sein könnte. Der Leichenbeschauer gab Creams Tabletten einem Hund, der 15 Minuten später starb. Daraufhin wurde Stotts Leiche exhumiert. In seinem Magen befand sich genug Strychnin, um drei Männer zu töten.

Die Spur führte direkt zu Cream, der von seiner Gespielin Julia Stott im Zeugenstand entlarvt wurde. Wieder floh er, aber diesmal wurde er verhaftet und zu lebenslanger Haft verurteilt. Zehn Jahre später starb Creams Vater, der seinen Söhnen eine beträchtliche Summe Geld hinterließ. Bald darauf wurde Creams Strafe aus unbekannten Gründen verkürzt, und im Jahr 1891 wurde Cream freigelassen.

Der zwielichtige, vulgäre Drogensüchtige, der das Gefängnis von Joliet verließ, erinnerte nicht mehr an den adretten Doktor, der er einst gewesen war. Cream nahm nun regelmäßig Morphium, Kokain und Strychnin und machte seinem sadistischen Frauenhass Luft. Er reiste nach London, wo er diesen Hass auslebte.

In den Slums des Londoner East End suchte Cream nach Opfern. Ein späterer Polizeibericht beschreibt, dass Cream häufig Fremde belästigte und ihnen pornografische Bilder zeigte: „Er war besessen von Frauen, und wie er über sie sprach war alles andere als annehmbar".

Cream, der sich nun „Dr. Neill" nannte, begann im Londoner Armenviertel Lambeth Prostituierte zu vergiften. Sein erstes Opfer war die 19-jährige Ellen Donworth, die am 13. Oktober 1891 eine Begegnung mit einem „Zylinderträger" meldete. Sie hatte mit ihm etwas getrunken und starb zwei Tage später an einer Strychninvergiftung. Cream schrieb dem Leichenbestatter die dreiste Forderung, dass er für die Summe von 300.000 Pfund die Identität des Mörders enthüllen würde.

Das nächste Opfer war die Prostituierte Matilda Clover, die einen Tag nach ihrer Begegnung mit Cream starb. Als offizielle Todesursache wurde eine Alkoholvergiftung angegeben. Cream schrieb einen Brief an einen ortsansässigen Arzt, in dem er ihn des Giftmords an Clover bezichtigte und für sein Stillschweigen um Geld erpresste. Der Arzt übergab den Brief an die Polizei.

Nach den Morden reiste Cream nach Kanada, um seine Verwandten zu besuchen. Dort besuchte er Bordelle und erwarb eine große Menge an Strychnintabletten. Auf der Schiffsreise zurück nach London fiel Cream negativ auf: Er betrank sich mit Whisky und prahlte mit den billigen Preisen der Londoner Prostituierten, die man „um einen Schilling pro Stück" kaufen konnte, wie er sagte.

Zurück in London versuchte Cream im April 1892 die Prostituierte Lou Harvey zu ermorden, was ihm jedoch nicht gelang, da die Frau die Tabletten, die Cream ihr gab, in die Themse warf. Dann tötete er die beiden Prostituierten Alice Marsh und Emma Shrivell. Er hatte ihnen eine mit Strychnin versetzte Flasche Guinness geschenkt.

Creams nächste Begegnung war keine Prostituierte, sondern ein New Yorker Kriminalbeamter. Der Detective hatte von den Verbrechen des „Giftmörders von Lambeth" gelesen und merkte, dass Cream, den er zufällig getroffen hatte, sämtliche Details der Mordfälle kannte. Cream führte ihn sogar an verschiedene relevante Orte in Lambeth, was dem Detective verdächtig vorkam und er seine Kollegen von Scotland Yard auf Cream aufmerksam machte.

Die Ermittler von Scotland Yard fahndeten nach einem anonymen Erpresser, der Briefe schrieb, in denen er von

WAR CREAM THE RIPPER?

Die Theorie, dass Thomas Cream auch der berüchtigte Serienmörder Jack the Ripper war, sorgte für reißerische Schlagzeilen. Konnte sie stimmen? Tatsache ist, dass beide Männer Frauenhasser waren und im Londoner East End Prostituierte ermordeten. Aber als der Ripper am aktivsten war, im Jahr 1888, saß Cream gerade im Gefängnis von Joliet – ein bombenfestes Alibi. Einige Verschwörungstheoretiker glauben jedoch, dass Cream die Gefängniswärter bestochen hatte und durch einen Doppelgänger in seiner Zelle ersetzt wurde, sodass er schon Jahre früher nach London reisen konnte. Allerdings gibt es für diese Vermutung keine Beweise.

LINKS: Elizabeth Stride, ein Opfer von Jack the Ripper. Sie hielt sich nach einer gescheiterten Ehe mit Prostitution über Wasser. Der Täter hatte ihr die Kehle durchgeschnitten.

PERSÖNLICHKEITSPROFIL

Die folgende Beschreibung von Dr. Thomas Cream erschien nach seinem Tod im *Canadian Medical Association Journal*:
„Er [Cream] war rauschgiftsüchtig, was wohl zu seinen Mordgewohnheiten beigetragen hatte. Seine Gelüste und der Verfall seiner Moral durch die Drogen nahmen ihm jegliches sittliches Empfinden. Er wurde zum Lüstling und Sadisten, berauscht und reuelos, ein Degenerierter mit perversen Wünschen und Praktiken, der sein medizinisches Wissen zu Mordzwecken nutzte. Welches Unglück wäre verhindert worden, hätten nicht weichherzige, törichte Fanatiker für seine Entlassung aus Joliet gesorgt."

bekannten Bürgern Geld verlangte und ihnen drohte, sie als Giftmörder von Lambeth bloßzustellen. Bei dem Erpresser handelte es sich natürlich um Cream, der dummerweise auch den „Mord" an Matilda Clover in den Briefen erwähnt hatte, obwohl die offizielle Todesursache eine Alkoholvergiftung war.

Letztlich führten alle Spuren zu Cream: die Briefe, die Besuche bei Prostituierten und seine vorherige Haftstrafe wegen Giftmord in den USA. Im Oktober 1892 wurde Cream für den Mord an vier Prostituierten zum Tod durch Hängen verurteilt. Vor der Urteilsverkündung las der Leichenbeschauer einen Brief, der angeblich von Jack the Ripper stammte, vor. Darin stand, dass Cream unschuldig sei, woraufhin dieser hysterisch lachte. Woher kam aber nun die Aussage: „Ich bin Jack ..."? Einer Theorie zufolge verlor Cream die Kontrolle über seinen Körper (wie es beim Hängen oft der Fall ist) und rief: „Ich ejakuliere", was von den Anwesenden falsch verstanden wurde.

OBEN: Polizisten entdecken im Londoner East End ein weiteres Mordopfer von Jack the Ripper.

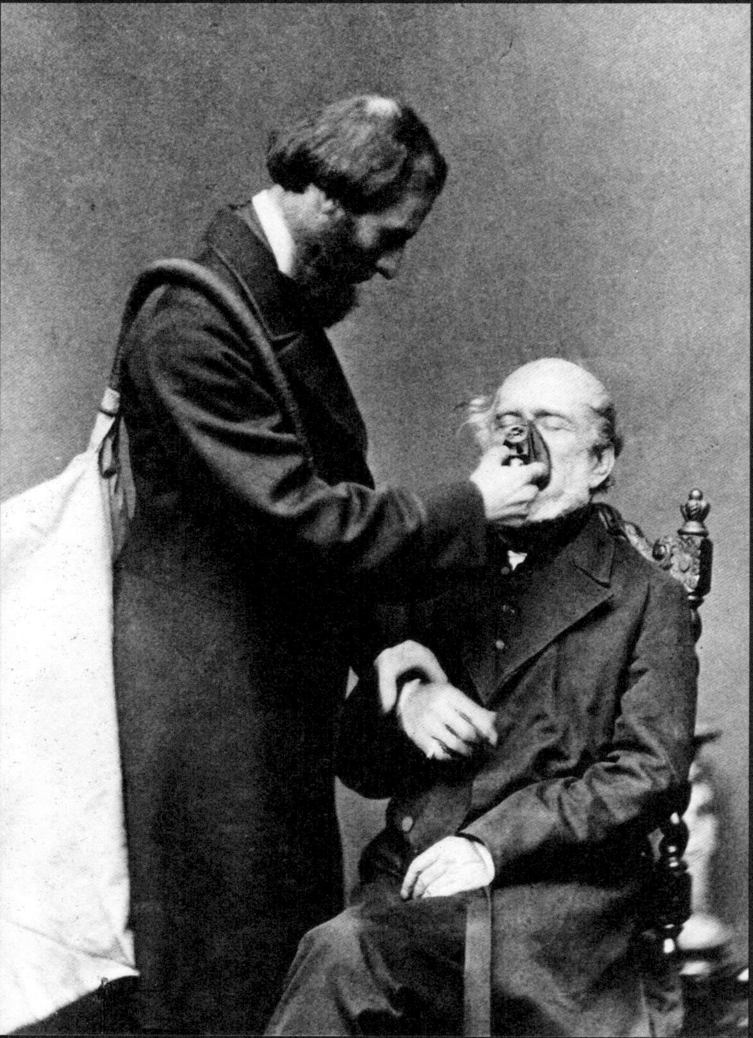

Chloroform

Chloroform ist eine farblose Flüssigkeit, die durch Methanchlorierung entsteht und hauptsächlich als Narkose- und Beruhigungsmittel verwendet wird. Der chemische Name von Chloroform ist Trichlormethan.

ALLGEMEINES:

Chloroform wurde in den frühen 1830er-Jahren von Chemikern in den USA, Frankreich und Deutschland unabhängig voneinander entdeckt. Schon bald gab es die ersten Fälle von Missbrauch. Der Zahnarzt Horace Wells, der als erster Amerikaner Lachgas zur Narkose einsetzte, wurde süchtig nach Chloroform, das seine Persönlichkeit völlig verändert haben soll. Wells nahm sich 1848 das Leben, nachdem er in New York einen Passanten mit Säure beworfen hatte und im Gefängnis saß. Die Narkosewirkung von Chloroform wurde erstmals 1847 bei einer Operation in Schottland getestet. Königin Viktoria gebar in den 1850ern unter dem Einfluss von Chloroform zwei Kinder.

Der Stoff barg aber auch Risiken: Im Jahr 1848 starb eine 15-Jährige an einer Chloroformvergiftung. Man hatte ihr das Narkosemittel verabreicht, um einen entzündeten Zehennagel zu entfernen. Andere verwendeten Chloroform als Rauschmittel oder um Selbstmord zu begehen. Im 20. Jahrhundert wussten Verbrecher bereits, dass sie ihre Opfer mit Chloroform betäuben konnten. In höheren Dosen ist das Mittel tödlich. Als sich in den 1930er-Jahren weniger gefährliche Anästhetika verbreiteten, wurde Chloroform immer seltener als Narkosemittel eingesetzt.

GIFTWIRKUNG:

Chloroform wird durch die Lunge, den Verdauungstrakt und die Haut absorbiert. Nach der Einnahme wird es vom Körper rasch aufgenommen und gelangt in alle Organe. Das führt zu einer Dämpfung des zentralen Nervensystems, einer Veränderung der Atemfrequenz, einem unregelmäßigen Herzschlag, Magen-Darm-Schmerzen und einer Belastung der Niere und der Leber.

GEGENÜBER: Der Arzt Joseph T. Clover verabreicht Chloroform mit seinem eigens entwickelten Dosierapparat.

Eine chronische Vergiftung führt zu ernsthaften Schäden an Blutzellen, Niere und Leber. Schon 10 ml Chloroform können einen Erwachsenen töten.

SYMPTOME:

Eine Chloroformvergiftung zeigt sich durch Kopfschmerzen, Übelkeit, Erbrechen, Gereiztheit, Verwirrung, Benommenheit und Rausch, gefolgt von Atemstillstand, Herzinfarkt, Koma und Tod. Die Bewusstlosigkeit tritt je nach Dosis nach einigen Minuten ein. Aufgrund der Toxizität von Chloroform und der schwierigen Bestimmung einer sicheren Dosis wird es heutzutage nicht mehr als Narkosemittel verwendet.

BEHANDLUNG:

Bei Augen- und Hautkontakt werden die betroffenen Stellen mit warmem Wasser und einer Salzlösung behandelt. Gegen eingeatmetes Chloroform hilft Sauerstoff. Bei Verschlucken kann der Wirkstoff N-Acetylcystein (NAC) vor Nieren- und Leberschäden sowie vor dem Tod schützen.

BERÜHMTE VERGIFTUNGSFÄLLE:

- H. H. Holmes lebte im 19. Jahrhundert und gilt als erster Serienmörder der USA. In seinem speziell gebauten Horrorhaus tötete er seine Opfer mit Chloroform, bevor er sich ihre Lebensversicherung auszahlen ließ.
- Im Jahr 1900 wurde der Amerikaner William Marsh Rice im Schlaf von seinem Diener mit Chloroform getötet. Er und Rice' Anwalt wollten an Marshs Vermögen gelangen. Als der Anwalt einen großen Scheck einlösen wollte, flog der Schwindel auf. Mit dem Geld wurde stattdessen die Rice University in Texas gegründet.

Kapitel 5: Gifte im 20. Jahrhundert

Im 20. Jahrhundert veränderten sich die Methoden der Giftmörder. Der öffentliche Verkauf giftiger Stoffe wie Arsen wurde gesetzlich verboten, sodass es schwierig wurde, diese klassischen Gifte legal zu erwerben.

Die forensische Toxikologie reifte zu einer seriösen Wissenschaft heran, sodass die Allgegenwart der unaufgeklärten Arsenvergiftungen des 19. Jahrhunderts schon bald der Vergangenheit angehörte.

Die Regierungen, die den Verkauf von Giften regulierten, ließen jedoch selbst oft toxische Stoffe in großem Stil herstellen. Viele davon wurden in der Landwirtschaft eingesetzt, etwa um Schädlinge und Unkraut zu vernichten und die Erträge zu steigern. Aber in einigen staatlichen Geheimlabors entstanden auch gefährliche Kampfstoffe, mit denen man ganze Städte auslöschen konnte.

Gifte für den Kriegseinsatz wurden nun industriell hergestellt. Im Jahr 1916 entwickelte das deutsche Militär Senfgas, das im Ersten Weltkrieg mit schrecklichen Folgen verwendet wurde. Das Gas verursachte Verbrennungen ersten Grades, entstellende Narben, Blindheit und steigerte bei Überlebenden das Krebsrisiko.

Auch im Zweiten Weltkrieg betrieb Deutschland eine große Giftindustrie. Dieses Mal war es Cyanwasserstoff, besser bekannt als Zyklon B, mit dem die Nazis in den Konzentrationslagern über eine Million Menschen ermordeten. Zu Kriegsende vergifteten sich die höchstrangigen Nazis mit Cyanid, um nicht in die Hände der Alliierten zu fallen.

Im Jahr 1946 schmuggelte eine Gruppe jüdischer Widerstandskämpfer aus dem litauischen Ghetto Vilnius Arsen nach Deutschland, um ihre ehemaligen KZ-Aufseher zu vergiften. Die Juden versetzten 3000 Laib Schwarzbrot, die für die Gefangenen ausgeliefert wurden, mit Arsen. Der Plan scheiterte, aber über 2200 Personen erkrankten.

Im 20. Jahrhundert wurden Giftmörder zu Massenmördern. Die industrielle Herstellung von Giften ermöglichte ihnen weitreichende „Vergeltungsschläge“ gegen ihre Opfer. Im Jahr 1978 befahl der US-amerikanische Prediger Jim Jones in Jonestown/Guyana den Massensuizid von über 900 Anhängern. Im Jahr 1995 verübten Handlanger des Sektenführers Shōkō Asahara im morgendlichen Berufsverkehr einen Giftgas-Anschlag mit Sarin auf die U-Bahn von Tokio.

Sarin war eines der Gifte aus dem Kalten Krieg, das in geheimen Rüstungsfabriken in Europa entwickelt wurde. Die tödlichsten Gifte aus diesen Labors wurden jedoch erst im 21. Jahrhundert bekannt. Diese Nervengifte und radioaktiven Stoffe waren die Mordwaffen für die politischen Giftanschläge der Gegenwart und schon bald einer breiten Öffentlichkeit bekannt.

GEGENÜBER: Deutsche Soldaten posieren mit Gasmasken und Granaten im Schützengraben. Chlorgas, Phosgen und Senfgas waren die drei häufigsten Chemiewaffen im Ersten Weltkrieg.

Der Mord an Grigori Rasputin

Grigori Rasputin war ein Mystiker mit einem unstillbaren Verlangen nach Sex und Alkohol und ging als Russlands „verrückter Mönch" in die Geschichte ein. Er avancierte zum Liebling der Zarenfamilie und überlebte mehrere Mordversuche.

Die schrecklichen Details des Mordes an Rasputin sind bis heute umstritten. Es hieß, dass selbst Cyanid den Mann nicht töten konnte.

Rasputin wurde 1869 in eine sibirische Bauernfamilie geboren. Der Analphabet zog als Wanderprediger und Geistheiler umher und wurde schließlich zu einem engen Vertrauten des Zaren. Einige russisch-orthodoxe Geistliche hatten ihn Zar Nikolaus und seiner Frau Alexandra vorgestellt. Rasputin machte sich bei dem Paar sofort beliebt und wurde schon bald an den Zarenhof eingeladen.

Dort hinterließ er bleibenden Eindruck, als er den Zarewitsch Alexei von seiner Hämophilie heilte – scheinbar durch Gebete. Aber Rasputin hatte alle Ärzte vom Hof verbannt, und damit auch das damalige Allheilmittel Aspirin, einen Gerinnungshemmer. Das war wohl die eigentliche Ursache für das „Wunder", die Rasputin zu einem unverzichtbaren Mitglied des Zarenhofs machte.

Vielen hochrangigen russischen Beamten gefiel der Einfluss Rasputins auf das Herrscherpaar jedoch gar nicht. Angeblich beriet er den Zaren in politischen Angelegenheiten, hatte Sex mit Alexandra und war der Drahtzieher eines Komplotts, das in St. Petersburg einen Cholera-Ausbruch durch vergiftete Äpfel verursachen wollte. Rasputins Gelüste nach Frauen aus allen sozialen Schichten waren legendär, und Alexandra verteidigte seinen Lebenswandel: „Er hat genug für alle."

Das war zu viel für Felix Jussupow, den Gatten von Nikolaus' Nichte. Jussupow beschloss, dass Rasputin eine Bedrohung war, die eliminiert werden musste. Er lud Rasputin in seinen Palast ein, um ihm seine Frau vorzustellen. Laut Jussupows Memoiren, dem einzigen schriftlichen Dokument über Rasputins Tod, servierte man dem Heiler mit Zyankali vergiftete Kuchen. Außerdem trank er mehrere Gläser Wein, die mit Cyanid versetzt waren. Zu Jussupows Entsetzen schien das Gift jedoch keine Wirkung auf Rasputin zu haben.

Also feuerte Jussupow einige Schüsse aus einem Revolver auf Rasputin ab und streckte ihn nieder. Nach einer Weile öffnete Rasputin seine „grünen Augen einer Viper" und griff Jussupow an. Jussupow und seine Mitverschwörer jagten Rasputin aus dem Haus und knüppelten ihn schließlich zu Tode. Man fand seine Leiche in der Newa. Die Reaktionen auf seinen Tod waren gemischt: Die Bauern und die Zarenfamilie betrauerten ihn, aber für die Bolschewiken war er ein Symbol für die Korruption am Zarenhof gewesen. Im Jahr 1917 stürzten die Bolschewiken den Zaren und ließen die Zarenfamilie einige Monate später hinrichten.

OBEN: Rasputins gefrorene, von Schlägen gezeichnete Leiche wurde aus der Kleinen Newa gezogen.

GEGENÜBER: Rasputin und einige seiner Anhängerinnen: seine unzähligen Affären sind legendär.

Cyanid

Cyanid ist ein gefährlicher Stoff, der in verschiedenen Verbindungen existiert. Als Gifte sind vor allem das farblose Gas Cyanwasserstoff (Blausäure, HCN) oder die kristallinen Stoffe Natriumcyanid (NaCN) und Kaliumcyanid (Zyankali, KCN) von Bedeutung. In der Natur kommt Cyanid in Maniok und in den Kernen verschiedener Früchte vor, etwa in Äpfeln, Aprikosen und Pfirsichen. Auch bei Verbrennung und bei der Herstellung von Kunststoffen entsteht Cyanid.

ALLGEMEINES:

Cyanid gehört zusammen mit Arsen und Strychnin zu den drei bekanntesten Giften. Bereits im alten Ägypten kannte man Cyanid und den „Tod durch Pfirsichkerne". Als Gas entfaltet Cyanid seine tödlichste Wirkung: Mit Cyanwasserstoff, als Bestandteil von Zyklon B, töteten die Nazis im Zweiten Weltkrieg über eine Million Gefangene in den Gaskammern der Konzentrationslager. Die Kammern sahen aus wie Duschen, in die man die Gefangenen zum „Entlausen" schickte. Durch Löcher in der Decke wurde Zyklon-B-Granulat in die Gaskammern geworfen. Feuchtigkeit und Körperwärme setzten das Gas aus dem Granulat frei. Es dauerte etwa eine Stunde, bis alle Personen in der Kammer gestorben waren. Die Befehlshaber der Nazis begingen 1945 in Berlin Selbstmord, um nicht von der heranrückenden sowjetischen Armee gefangengenommen zu werden. Im Jahr 1978 nahmen sich über 900 Sektenmitglieder in Jonestown/Guyana das Leben, indem sie einen mit Cyanid vergifteten Saft tranken.

GIFTWIRKUNG:

Cyanid blockiert die Oxidationsprozesse der menschlichen Zellen, indem es die Enzyme des Körpers hemmt und rote Blutzellen an der Aufnahme von Sauerstoff hindert. Sobald den Zellen kein Sauerstoff mehr zur Verfügung steht, beginnt die chemische Erstickung, die oft so schnell geschieht, dass der Tod noch vor dem Auftreten der Symptome eintritt.

GEGENÜBER: Das Krematorium im Konzentrationslager Majdanek in Polen.

SYMPTOME:

Die Symptome einer akuten Cyanidvergiftung sind Schwindel, Kopfschmerzen, Übelkeit, niedriger Puls, Bewusstlosigkeit, Krämpfe, Lungenschäden, Atemstillstand, Verwirrung, Koma und Tod. Bereits 300 mg des Feststoffs oder 100 mg Cyanwasserstoff können tödlich sein. Der Tod kann bereits 20 Minuten nach der Einnahme oder Inhalation des Gifts eintreten.

BEHANDLUNG:

Cyanid tötet rasch, darum hängt die Überlebenschance davon ab, wie schnell ein Gegenmittel verabreicht wird. Zu den Antidoten gehören die Wirkstoffe Amylnitrat, Natriumnitrat und Natriumthiosulfat.

BERÜHMTE VERGIFTUNGSFÄLLE:

- In den späten 1950ern ermordete der KGB-Agent Bogdan Staschinski die ukrainischen Nationalistenführer Lev Rebet und Stepan Bandera mit einer Spritzpistole, die Gas aus einer Cyanidkapsel versprühte.
- Im Jahr 1982 starben in Chicago sieben Menschen, nachdem sie mit Cyanid vergiftete Schmerztabletten eingenommen hatten. Der Täter wurde nicht gefasst, aber der Fall führte dazu, dass Medikamente fortan sicherer verpackt wurden.
- Im Jahr 2013 töteten Wilderer in Zimbabwe über 300 Elefanten und andere Safaritiere. Sie hatten Cyanid, das im Goldbergbau verwendet wird, in einer Wasserstelle entsorgt. Auch mehrere Menschen starben, nachdem sie Fleisch der vergifteten Tiere verzehrt hatten.

Hitlers letzter Befehl

Am 30. April 1945 erreichte eine Nachricht die Telefonzentrale in Adolf Hitlers Führerbunker: Die Sowjets hatten Berlin eingekesselt und die deutsche Armee stand ihnen machtlos gegenüber.

Das Ende von Hitlers „tausendjährigem" Reich und des Zweiten Weltkriegs stand bevor. Um nicht dem Feind in die Hände zu fallen, töteten sich Hitler, seine Frau Eva Braun und andere hochrangige Funktionäre der NSDAP mit Cyanid.

Nachdem Hitler von der Niederlage der deutschen Armee erfahren hatte, sprach er gefasst mit dem Leiter der NSDAP, Martin Bormann, und schüttelte seinem Adjutanten Otto Günsche die Hand. Hitler informierte Günsche, dass alle deutschen Soldaten von ihrem Treueeid entbunden waren. Hitler und Eva Braun schlossen sich dann im Arbeitszimmer ein und Günsche befahl den anderen, die beiden nicht zu stören.

Alle im Bunker waren still und warteten nervös. Schließlich kamen Geräusche aus dem Zimmer und der Leibwächter Rochus Misch öffnete die Tür: „Zuerst sah ich Eva. Sie saß mit angezogenen Beinen da, den Kopf zu Hitler gelehnt. Ihre Schuhe standen unter dem Sofa. Neben ihr ... der tote Hitler. Seine starren Augen waren offen, sein Kopf war leicht nach vorn gefallen."

Hitler und Braun hatten auf Zyankalikapseln aus Glas gebissen, und Hitler hatte sich zudem in den Kopf geschossen. Ihre Leichen wurden durch die Hintertür aus dem Bunker gebracht und verbrannt, wie Hitler es zuvor seinem Diener Heinz Linge eingebläut hatte: „Lass nicht zu, dass meine Leiche in die Hände der Russen fällt. Sie würden in Moskau ein Spektakel damit veranstalten und sie wie eine Wachsfigur ausstellen."

Nach dem Tod ihres Führers nahmen sich auch die anderen hochrangigen Nazis das Leben. Der neue Kanzler Joseph Goebbels und seine Frau Magda schlossen ihre sechs Kinder im Schlafzimmer ein, spritzten ihnen Morphium und zwangen sie, auf Zyankali-Ampullen zu beißen. Danach kam Magda weinend aus dem Zimmer, setzte sich an einen Tisch und spielte Patience. Am 1. Mai verließ das Paar den Bunker, biss auf Zyankali-Ampullen und erschoss sich.

In den letzten Tagen des Zweiten Weltkriegs begingen noch Dutzende weitere hochrangige Nazis Selbstmord. Heinrich Himmler, der Drahtzieher des Holocaust, und der Befehlshaber Hermann Goering nahmen sich nach ihrer Festnahme durch die Alliierten das Leben.

Am 3. Mai betraten sowjetische Soldaten den Führerbunker und fanden die Leichen der sechs Goebbels-Kinder. Ihre Gesichter zeigten die grausigen Spuren einer Cyanidvergiftung. Auch die fast eine Million Leichen, die Opfer von Zyklon B, hatte man in den Konzentrationslagern entdeckt.

PINK EDITION
DAILY NEWS
2¢
NAZI RADIO ANNOUNCES:
HITLER DEAD
'FELL IN COMMAND POST'
ADM. DOENITZ NAMED HEAD OF REICH, ARMY
Story on Page 3

OBEN: Die Titelseite der New Yorker Zeitung Daily News *am 2. Mai 1945.*

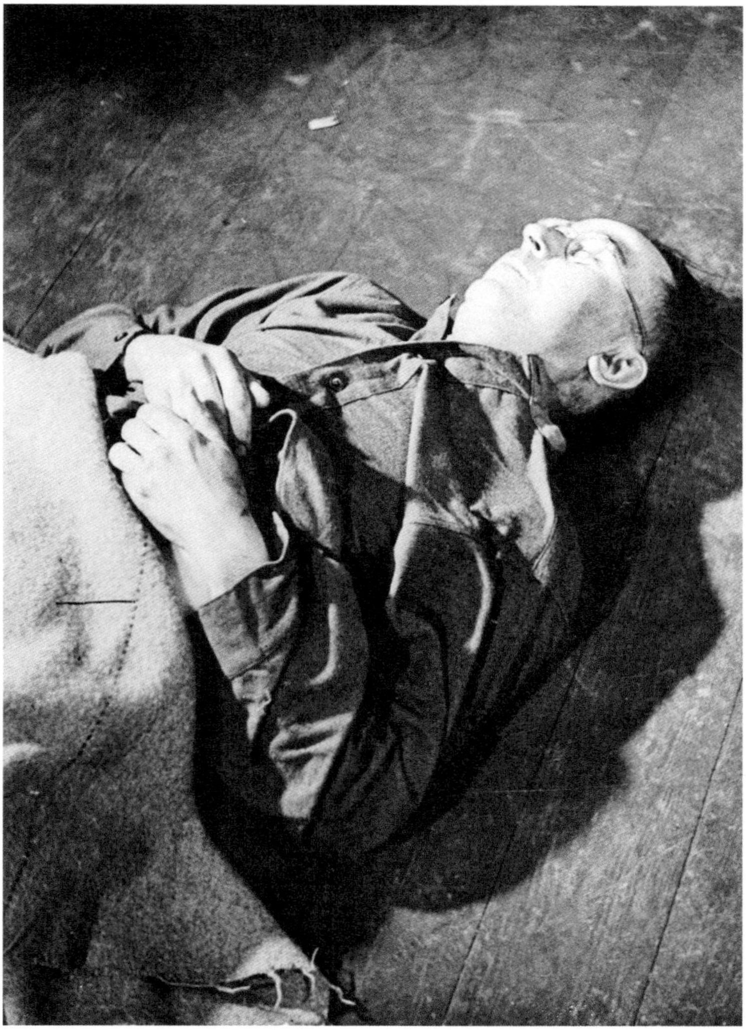

OBEN: Himmlers Leiche, kurz nach seinem Selbstmord mit einer Zyankali-Kapsel. Es dauerte nur 15 Minuten, bis der Tod eintrat.

Trauriges Ende eines Genies

Am 8. Juni 1954 wurde Alan Turing tot in seinem Bett aufgefunden. Turing war ein genialer Mathematiker, Codeknacker der „Enigma" und Pionier der Informatik gewesen. Er hatte sich mit Cyanid das Leben genommen.

Neben seiner Leiche fand man einen halb aufgegessenen, vergifteten Apfel. Manche glauben, dass es kein Suizid, sondern ein Unfall oder vielleicht sogar ein Verbrechen war.

Alan Turing war ein wegweisender Mathematiker der frühen 1950er-Jahre, der an der Universität Manchester an der Entwicklung der künstlichen Intelligenz arbeitete. Dennoch hätte kaum jemand ahnen können, dass Turing einmal die Entschlüsselungsmaschine „Bombe" erfinden würde. Damit knackten die Briten schließlich den Code der Chiffriermaschine „Enigma", mit der die Nazis im Zweiten Weltkrieg Militärbefehle verschlüsselten. Der Enigma-Code galt bis zur Erfindung der Turing-Bombe als unlösbar. Danach konnten die Alliierten die Nachrichten der Nazis während vieler Gefechte, unter anderem während der wichtigen Atlantikschlacht, abfangen. Man sagt, dass das Knacken des Engima-Codes den Krieg zwei Jahre früher als gedacht beendet und so Millionen Menschenleben gerettet hatte.

Turing war ein Kriegsheld, doch seine Arbeit an Enigma war streng geheim. Er durfte nicht darüber sprechen. Als Homosexueller galt er zudem als Sicherheitsrisiko. Beim Geheimdienst fürchtete man, dass ihn ein Spion in eine Sexfalle locken und Staatsgeheimnisse aus ihm herauspressen könnte. Zudem war Homosexualität zu jener Zeit noch strafbar. Turings Homosexualität war nach einem Einbruch in sein Haus ans Licht gekommen, als er der Polizei sagte, dass er einen Bekannten seines Geliebten in Verdacht hatte. Die erstaunten Polizisten verhafteten Turing, der wegen unsittlichem Verhalten angeklagt wurde. Als Alternative zu einer Gefängnisstrafe wurde Turing die chemische Kastration angeboten, was er annahm. Im Laufe eines Jahres unterzog man ihn einer Östrogenbehandlung, die zu Gewichtszunahme, Brustwachstum und Impotenz führte.

Nach dem Abschluss der Behandlung erfuhr der Geheimdienst, dass Turing weiterhin homosexuelle Beziehungen pflegte, unter anderem in Ländern hinter dem Eisernen Vorhang. Hatte vielleicht der Geheimdienst Turing ermordet und die Tat als Selbstmord inszeniert? War Turing durch die Behandlung so depressiv geworden, dass er sich das Leben nahm? Oder hatte er sich bei einem seiner vielen Experimente versehentlich mit Cyanid vergiftet? Sein trauriges Ende war der Verlust eines großen Genies. Im Jahr 2017 wurden durch den Erlass des „Alan-Turing-Gesetzes" rückwirkend alle Männer begnadigt, die für ihre Homosexualität verurteilt worden waren.

OBEN: Die Rückseite von Alan Turings Entschlüsselungsmaschine „Bombe".

GEGENÜBER: Der Mathematiker Alan Turing.

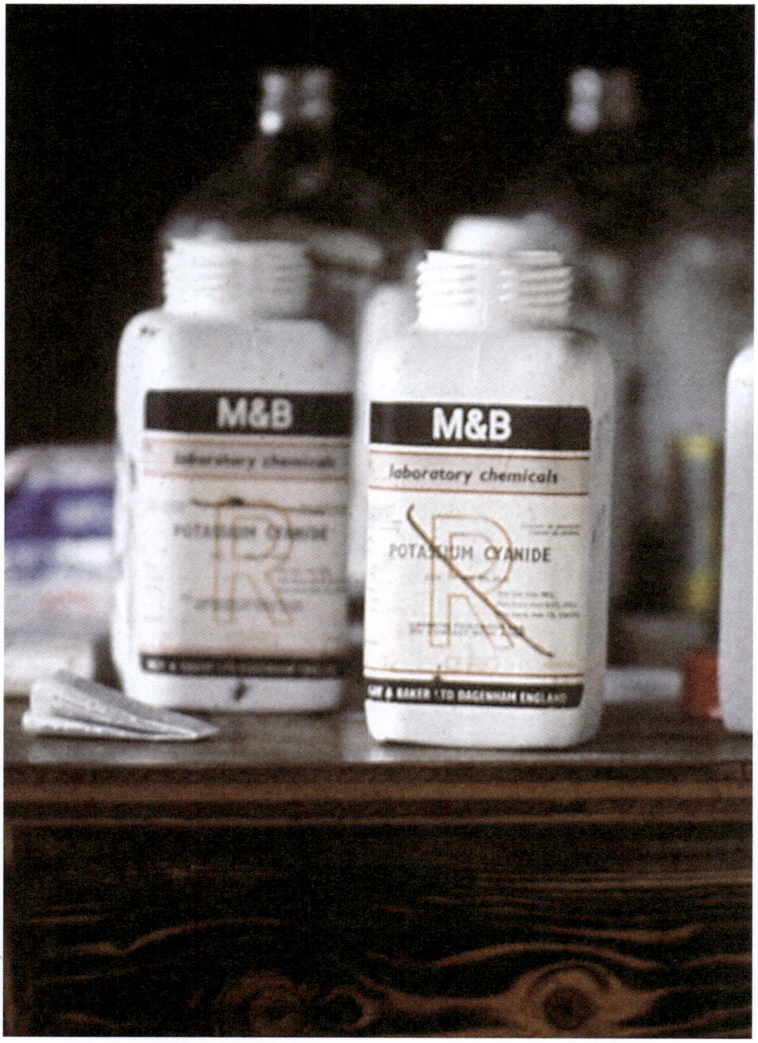

OBEN: Einige der vielen Zyankaliflaschen, die in Jonestown sichergestellt wurden.

Das Jonestown-Massaker

Im November 1978 wurden die Mitglieder der Sekte „Peoples Temple" in Jonestown, Guyana, von ihrem Anführer Jim Jones zu einem dringenden Treffen einberufen.

Sie mussten einen angeblich vergifteten roten Saft trinken, der sie innerhalb von 45 Minuten töten sollte. Als niemand starb, erklärte Jones, dass es sich nur um eine Übung handelte. Aber schon bald darauf folgte der größte Gift-Massenselbstmord der amerikanischen Geschichte.

Der Prediger Jim Jones gründete die Sekte Peoples Temple 1955 in Indianapolis. Das Ziel seiner Kirche war die Bildung einer neuen sozialistischen Gemeinschaft aller Rassen, was zur Zeit der Rassentrennung in den USA ein revolutionärer Gedanke war. Tausende Anhänger strömten zum charismatischen Jones, der scheinbar Gedanken lesen und während seiner Predigten Behinderte heilen konnte. Weitere Niederlassungen der Sekte folgten 1973 in San Francisco und Los Angeles. Jones, der bei Politikern und der Presse ein angesehener Geistlicher war, ließ außerhalb der kalifornischen Stadt Ukiah eine Siedlung für seine Anhänger errichten. Er glaubte, dort wären sie vor den Folgen eines bevorstehenden nuklearen Holocausts sicher.

In der Öffentlichkeit erfreute sich Jones großer Beliebtheit, aber in seiner Gemeinschaft zeigte er sein wahres Gesicht. Hinter verschlossenen Türen wurden seine Anhänger geschlagen, erpresst, rituell gedemütigt und gezwungen, ihren Besitz und ihr Geld Jones zu überschreiben. Familienmitglieder mussten sich gegenseitig bespitzeln, und schwarzen Mitgliedern wurde eingebläut, dass sie von der Regierung in Konzentrationslager gesteckt würden, sollten sie die Sekte verlassen. Als Jones wegen Betrug und Misshandlung seiner Anhänger angeklagt wurde, verlegte er seine Kirche nach Guyana, um das sozialistische Utopia Jonestown zu gründen.

Rund tausend Mitglieder des Peoples Temple zogen 1977 aus den USA in die Kommune Jonestown. Dort arbeiteten die Menschen mitten im Regenwald sechs Tage die Woche von 6:30 Uhr bis 18:00 auf den Feldern und besuchten danach Jones' abendliche Vorträge über Sozialismus, Revolution und die Feinde der Gemeinschaft. Zu den Feinden gehörten vor allem Abtrünnige der Sekte und die „kapitalistische" US-Regierung. Obwohl Jones mehrere Millionen Dollar auf dem Konto hatte, waren die Bewohner von Jonestown unterernährt und kränklich. Es drangen Berichte an die Öffentlichkeit, dass Menschen gegen ihren Willen festgehalten wurden.

OBEN: Jim Jones war ein Prediger der Pfingstbewegung, der sich als Prophet sah und zunehmend von Machtgier besessen war.

Im Jahr 1978 war Jones bereits medikamentenabhängig und besessen vom Gedanken, dass die CIA einen Angriff auf Jonestown plane. Er hielt sogenannte „weiße Nächte" ab, in denen er einen „revolutionären Suizid" probte: die Massenvergiftung der Jonestown-Bewohner, die eine tödliche Mischung aus Cyanid und dem in Wasser gelösten Getränkepulver Flavor Aid trinken sollten.

DIE FLAVOR-AID-GIFTMISCHUNG

Die Giftmischung von Jonestown bestand aus dem Getränkepulver Flavor Aid, den Giften Kaliumcyanid und Kaliumchlorid sowie den Beruhigungsmitteln Valium, Promethazin und Chloralhydrat. Kaliumchlorid verursacht Herzstillstand und wird in US-Gefängnissen für die Giftspritze verwendet. Die Beruhigungsmittel sollten die qualvollen Schmerzen und Erstickungsanfälle des Cyanids mindern. Nach der Einnahme blockiert Cyanid die Sauerstoffaufnahme der Zellen, die daraufhin keine Energie mehr erzeugen können und absterben. Es folgen Herz- und Lungenversagen und das Opfer kann nur noch unregelmäßig atmen. Der Körper verkrampft sich und das Gesicht ist oft zu einem sardonischen Grinsen verzerrt. Bei der Obduktion von sieben Jonestown-Opfern wurden keine Todesgrimassen festgestellt, was aber nicht heißt, dass sie friedlich verstorben sind. In einer Tonaufnahme der letzten Predigt von Jim Jones hört man im Hintergrund deutlich die Todesschreie der Sterbenden.

OBEN: Über 900 Opfer des Jonestown-Massakers werden im Dschungel geborgen. Die Leichen lagen mit dem Gesicht nach unten und verwesten in der Hitze.

Im November 1978 führte der Kongressabgeordnete Leo Ryan eine Untersuchungsgruppe aus Journalisten und Abtrünnigen der Sekte unter dem Deckmantel „besorgte Angehörige“ nach Jonestown. Jones ordnete ein Treffen mit Livemusik und Festivitäten an, machte an jenem Tag jedoch keine gute Figur. Er war von seiner Sucht und anderen Beschwerden gezeichnet und faselte vor dem Reporter Tim Reiterman über Verschwörungen und Märtyrertum. Reiterman schrieb später darüber: „Es war schockierend, seine glasigen Augen und schwelende Paranoia hautnah zu erleben und sich bewusst zu werden, dass fast tausend Menschenleben, auch die unseren, in seinen Händen lagen.“

Als Ryan am folgenden Tag mit einigen Aussteigern Jonestown verließ, wurde er angegriffen. Auf einem nahen Flugfeld fuhren bewaffnete Sektenmitglieder auf einem Traktor heran und schossen auf die Charterflugzeuge des Abgeordneten. Ryan und vier andere Personen wurden getötet. Währenddessen versammelte Jones seine Anhänger im Pavillon von Jonestown und informierte sie, dass Ryan sterben würde und eine Razzia der Regierung bevorstand. Dann gab er ihnen den Befehl, den „revolutionären Suizid“ zu begehen.

Ein Bottich mit Flavor Aid wurde mit Cyanid und Beruhigungsmitteln versetzt, während Jones via Lautsprecher predigte. Zuerst wurde die Mischung den Kindern mithilfe von Spritzen eingeflößt. Jones befahl seinen Anhängern, mit „einer gewissen Würde“ zu sterben: „Mir ist egal, wie viele Schreie ihr hört.“ Die Erwachsenen tranken das Gift aus Plastikbechern, aber Einstiche in den Armen einiger Opfer deuten auf eine Zwangsinjektion hin. Wachen sicherten den Pavillon mit Armbrüsten und Gewehren ab und sorgten dafür, dass die Befehle ausgeführt wurden. Jim Jones selbst starb durch Erschießen.

Über 900 Menschen starben am 18. November 1978 in Jonestown – das größte Massensterben von US-Zivilisten in einer menschgemachten Katastrophe vor dem Terroranschlag am 11. September 2001. Unter den Opfern befanden sich über 300 Kinder. Das Unglück gilt als Massensuizid, aber eigentlich war es ein durch Gehirnwäsche erzwungener Massenmord durch Jim Jones, den seine Anhänger als „Vater“ bezeichneten.

KALIUMCYANID

Cyanid ist eine chemische Verbindung aus Kohlenstoff und Stickstoff (CN), die in verschiedenen Formen vorkommt, etwa als Cyanwasserstoff oder als die Feststoffe Natriumcyanid und Kaliumcyanid (Zyankali). Jim Jones erwarb eine Juwelierlizenz und bestellte mehrere Ladungen Kaliumcyanid, die er, wie er sagte, zum Reinigen von Gold benötigte. Dann ließ er einen Arzt in Jonestown das Gift an Schweinen testen. Der Arzt vermerkte, dass etwa zwei Gramm ausreichten, um ein großes Schwein zu töten. Noch tödlicher als Zyankali ist Cyanwasserstoff, der Hauptbestandteil der Kapseln, mit denen sich die Nazi-Funktionäre das Leben nahmen. Hochdosierter Cyanwasserstoff kann einen Erwachsenen innerhalb von Sekunden töten.

OBEN: Eine Luftaufnahme der Leichen, die in der Jonestown-Anlage in Guyana um den zentralen Pavillon liegen.

...RNED

...VDED
...P.

...FETY.

...ath, and
...r £25,000
...arred on
...p at Ac-
...s were:—
...d forty,
...le, near
...irty-five,
...fteen, of
...hree, of
...seven, of
...ere cus-
...mployées
... drapery
...ns, Ltd.,
... fronting
...ust upon
...was out
...scovered,
...crowded
... for the
...umbered

...W.

... all had
... a couple
...windows,
...red, and
... two at a
...es. They
...ladders
...n, while
...le build-
...each em-
...e of the
...ccounted
...ssible to
... and be-
... in the
... bodies,
... but of
...re broke
... making
... finding
...tairway,
... back of
...ffocated
...ng of an
...indows.

...AIGN.

...NORTH

...ents are
...registra-
...tion to
... League
...with un-
...neetings
...ast week
...Notwith-
...day, ar-
...equality
...The sea-
...lackpool
... crowds,
...e Trade
...e vainly
... multi-
... Reform
... in con-

CRIPPEN.

THE ARREST.

COLLAPSE OF MISS LE NEVE.

INSPECTOR DEW'S DISGUISE.

DRAMATIC SCENE.

CAPTAIN KENDALL'S FULL NARRATIVE.

Dr. H. H. Crippen and Miss Ethel Le Neve were arrested in the Montrose at 9.30 yesterday morning (2.30 p.m. Greenwich time). They were described in the police notice as, "Wanted for murder and mutilation."

Scotland Yard at 4.5 p.m. received the following message from Inspector Dew, who had formally identified them:—

Crippen and Le Neve arrested. Will wire later.—DEW.

This wireless pursuit of Crippen is due alone to the acumen, astuteness, and ability of Captain Kendall, of the Montrose, whose exclusive messages to the "Daily Mail" have been a triumph of detective journalism.

Inspector Dew and the Canadian police were disguised as pilots when they boarded the vessel. Crippen betrayed anxiety as the boat approached, but was taken quite unawares when the police accosted him. Miss Le Neve almost collapsed.

Both were subjected to a lengthy examination by Mr. Dew, and it is understood that Crippen admitted his identity, and said that he was glad that the suspense was over. Several diamond rings were found in his possession.

He is charged with the murder and mutilation of his second wife, Mrs. Cora Crippen, known as Belle Elmore on the music-hall stage. The circumstances of the case are fully told on the next page. The Montrose carried him and the police on to Quebec yesterday. According to cablegrams, he will be sent back immediately.

THE ARREST.

(From Our Special Correspondent.)

FATHER POINT (viâ Rimouski)),

Sunday Afternoon.

The long arm of British law reached its goal at half-past nine this morning, when two miles out in the River St. Lawrence Inspector Dew, of Scotland Yard, disguised as a pilot, pointed his finger confidently at a little man pacing the deck of the steamer Montrose ... to see that he was having a difficult time over his rôle as pilot, and itched to assert himself as an officer of the law.

Captain Kendall, Chief Constable McCarthy, and Inspector Dew chatted at the companion way. Detective Denis and Gaudreau turned forward to the wheelhouse.

Dr. Stewart and "Robinson" were walking up the deck. "Robinson" passed so close to Mr. Dew that the latter could have touched him. Still not a move was made. Inspector Dew was sizing up his quarry carefully—pitilessly. There could be no mistake. "Robinson" coughed slightly and turned towards the captain as though to ask a question. He was perfectly unconscious of the true state of affairs.

"Captain ——" he said almost jovially, tilting his grey hat to the back of his head. But that was all. His face became a blank; his knees shook together; and his arms went up as though to protect himself.

"I want to see you below a moment!" said Mr. Dew, with his characteristic lisp.

Then turning to Chief Constable McCarthy, he said, "That is the man!"

"I arrest you in the name of the King!" said Mr. McCarthy. "You are my prisoner! Anything you say will be taken down in writing and will be used against you at your trial!"

The passengers and crew, knowing for the first time that something out of the ordinary was going on, commenced to collect. Mr. McCarthy hustled his prisoner, not unkindly, down below.

As they were descending the narrow ship's stairs, Crippen said, "Have you a warrant? What is the charge?" Mr. McCarthy produced his authorisation for making the arrest—given him by Judge Angers, of Quebec.

Crippen grasped it before the Chief of Police could prevent him, and read it greedily. "Murder and mutilation!" he muttered to himself. "Oh, God!"

He threw the warrant on the floor of the passage, and walked to his cabin absolutely passive.

A few seconds later a woman's shriek told those above that Miss Le Neve had been discovered and arrested. She had recognised Inspector Dew in the semi-darkness of the passage, as she was emerging from her cabin to join Crippen.

When Mr. McCarthy entered he found her lying on the bed, fully dressed in boy's clothing. Her limbs were trembling and her face was as white as death. Mr. McCarthy said afterwards he thought she would break down immediately, but she recovered herself wonderfully, and when Inspector Dew came into the cabin she was quite composed.

As the pilot's boat swung away from the Montrose, Inspector Dew, Captain Kendall, Chief Constable McCarthy, and the two prisoners were closeted in the captain's cabin.

"GLAD SUSPENSE IS OVER."

CRIPPEN'S STATEMENT TO ...

THE "DAILY MAIL'S" WIRELESS MESSAGES.

CAPTAIN KENDALL'S NARRATIVE.

EXCLUSIVE TELEGRAMS.

The wireless telegram to the "Daily Mail" from Captain Kendall, of the Montrose, which appeared in our issue of Saturday, was the only wireless message sent by Captain Kendall to any newspaper.

On Saturday, July 23, the "Daily Mail" was the only newspaper to know that persons resembling Dr. Crippen and Miss Le Neve were on board the steamship Montrose. A wireless telegram was then despatched from London to Captain Kendall, asking him if he had Dr. Crippen and Miss Le Neve on board, how he had established their identity, and if they knew they were suspected. This was transmitted by the Marconi Company. The Montrose was then out of reach of the land stations, and the message was telegraphed from ship to ship until it reached the Montrose in mid-Atlantic.

Captain Kendall was then unable to reply direct to England, owing to the distance from land.

A similar message was sent to him on behalf of the "Daily Mail" by our Montreal representative, viâ the Belle Isle wireless station. In this message Captain Kendall was asked to transmit his reply through our Montreal representative, who is connected with the "Montreal Star," so that he might forward it on to London.

On Friday last Captain Kendall courteously sent by wireless to our correspondent at Montreal, viâ Belle Isle, his first telegram, explaining why he believed "Mr. Robinson" and his "son" to be Dr. Crippen and Miss Le Neve. His telegram, it will be remembered, concluded with these words: "This is the first account that has been transmitted from this ship to any newspaper."

The wireless telegram in question was published in the "Montreal Star" of Friday last, and also, by arrangement with the "Daily Mail," in the London "Evening News" on the same day, and this was the first and only account by Captain Kendall or anybody in the Montrose given to the world.

In the early hours of Saturday morning the first portion of another long remarkable wireless message from Captain Kendall was received by the "Daily Mail" through the same channel, and appeared in the Boulevard Edition. The wireless connection, however, with the Marconi station was lost in the middle of the message, and the remainder of the telegram was received on Saturday afternoon, thirteen hours later.

The full text of this remarkable and exclusive message appears in another column of our issue to-day. The "Daily Mail" was the only newspaper which had a special correspondent on board the Laurentic, the vessel in which Chief Inspector Dew travelled to Rimouski. This correspondent sent a very interesting wireless message on Friday, telling the ...

through ...
off since ...
He sits ...
pretendin...
thoroughl...
They hav...
discussed ...
him. He ...
Californi...
take his ...
(meaning ...
versation ...
Crippen ...
rives ho...
possible, ...
has been ...
"Pickwic...
(S. B. G...
to Conju...
reading ...
about a ...
reward.

The ...
Edition ...
morning ...
hours b...
Mail" ...
section, ...
times h...

When ...
to Cripp...
all the ...
which m...
der, and ...
collect a...

CAPT...

This ...
road wa...
I told ...
laugh he ...
his mout...
tain if h...
This r...
All th...
when I ...
ladylike, ...
taking f...
Crippen ...
giving h...
ways pa...
During ...
they spe...
and mus...
spoke to ...
one son...
shop," h...
all night ...
joyed it ...
they ret...
course o...
about A...
Selfridge...
in Lond...

"ROBI...

On tw...
ing on ...
his assu...
he took ...
I repe...
to the p...
he turn...
not hea...
weather ...
One n...
concert ...
apology ...
"that ...
young f...
not let ...
he left ...

Der unscheinbare Dr. Crippen

Dr. Hawley Crippen und Cora Turner bildeten ein ungleiches Paar. Sie strebte eine Karriere als Sängerin und Tänzerin an und war laut, groß und vollbusig. Crippen hingegen war klein, höflich und bescheiden.

Aber 18 Jahre nach ihrer Hochzeit im Jahr 1892 wurde Crippen angeklagt, Cora vergiftet und ihre zerstückelte Leiche unter dem Kellerboden begraben zu haben. Was hatte zu dieser Tat geführt?

Crippen und Turner lernten sich in New York kennen, heirateten in Philadelphia und zogen 1897 nach London, wo Crippen als Versandhändler für Homöopathie arbeitete. Er verlor seinen Job jedoch aufgrund zu vieler Fehlstunden, in denen er sich um die Bühnenkarriere seiner Frau gekümmert hatte, für die Cora nur wenig Talent zeigte. Crippen bekam eine Stelle als beratender Arzt in einer Londoner Klinik, wo er sich in die 18-jährige Assistentin Ethel „Le Neve" Neave verliebte.

Cora versuchte unterdessen, in der Londoner Theaterszene Fuß zu fassen. Sie veranstaltete Benefizgalas für den Verein der Varietésängerinnen und unterhielt Gäste im vornehmen Crippen-Haus an der Adresse 39 Hilldrop Crescent im Stadtteil Holloway. Coras Affären waren kein Geheimnis, aber Crippen erfuhr davon erst, als er Cora im Bett mit einem ihrer Untermieter erwischte. Von da an waren Cora und Crippen nur noch auf dem Papier Eheleute: Cora widmete sich weiterhin ihren Liebhabern, und Crippen pflegte seine Beziehung zu Le Neve.

Im Jahr 1910 war der Alltag in Hilldrop Crescent ein ständiger Konflikt. Nachdem Cora drohte, die Affäre zwischen Crippen und Le Neve auffliegen zu lassen, fasste Crippen einen Plan. Er besorgte fünf Gramm des Beruhigungsmittels Scopolamin und setzte sein Vorhaben in die Tat um. Cora wurde nie wieder lebend gesehen. Einige Tage später erhielt der Varietéverein einen Brief, der angeblich von Cora stammte. Darin kündigte sie ihre Mitgliedschaft, da sie zurück in die USA reise, um ein krankes Familienmitglied zu pflegen. In ihrer Abwesenheit war Le Neve ins Haus der Crippens in Hilldrop Crescent eingezogen.

Die Damen des Varietévereins wurden stutzig, als sie Le Neve in Coras Schmuck und Kleidern herumlaufen sahen. Sie fragten Crippen immer wieder nach Cora, die wie vom Erdboden verschluckt schien – bis Crippen dem Verein ein Telegramm schickte, in dem er bekannt gab, dass Cora in den USA plötzlich verstorben war. Die Vereinsdamen waren von dieser Nachricht schockiert, besonders da im Telegramm auch eine Einäscherung erwähnt wurde – eine Bestattung, die so gar nicht zu Coras katholischem Glauben passte. Die Frauen schöpften Verdacht und alarmierten Scotland Yard.

Als der Kommissar Walter Dew das Haus in Hilldrop Crescent besuchte, gestand Crippen, dass er gelogen hatte. Aber nur, um die peinliche Wahrheit zu vertuschen, dass Cora ihn verlassen habe und mit einem ihrer Liebhaber in die USA abgehauen sei. Crippen wirkte glaubwürdig und Dew kaufte ihm die Geschichte ab. Als er jedoch zu einem späteren Zeitpunkt für einige Routinefragen zum Haus zurückkehrte, erfuhr er, dass Crippen und Le Neve das Land verlassen hatten.

GEGENÜBER: Die Zeitung Daily Mail *widmete der Verhaftung Crippens eine ganze Seite.*

Nun hatte Dew genug und er veranlasste eine gründliche Hausdurchsuchung, die einen makabren Fund zutage förderte. Unter dem Kellerboden war eine Leiche vergraben – ein Torso ohne Kopf, Arme, Beine und Geschlechtsteile, dem man die Knochen entfernt hatte. Am Bauch befand sich jedoch eine Narbe, die einer Operationsnarbe Coras ähnelte. Außerdem fanden sich Spuren von Scopolamin im Körper. Das war der entscheidende Hinweis, der direkt zu Crippen führte. Gegen das flüchtige Paar wurde ein Haftbefehl erlassen.

Crippen befand sich in der Zwischenzeit auf dem Schiff *SS Montrose*, das nach Kanada unterwegs war. Er hatte sich als Mr. Robinson, und Le Neve als sein jugendlicher Sohn ausgegeben. Le Neve gab jedoch keinen sehr überzeugenden Jungen ab, und die verliebten Umarmungen des Paars sahen nicht nach einer Vater-Sohn-Beziehung aus. Der Kapitän der *Montrose* durchschaute ihr Spiel und schickte per Telegraf, eine damals brandneue Technik, eine Nachricht an Scotland Yard: „Habe starken Verdacht, dass sich der Londoner Kellermörder Crippen und seine Komplizin unter den Passagieren befinden. Schnurrbart ist weg, lässt sich Bart wachsen. Komplizin als Junge verkleidet. Auftreten und Figur aber eindeutig die einer Frau."

Dew begab sich auf das nächste Schnellboot nach Kanada und stellte Crippen und Le Neve, als ihr Schiff im Hafen anlegte. Dew begrüßte sie: „Guten Morgen, Dr. Crippen. Erinnern Sie sich an mich? Hauptkommissar Dew von Scotland Yard." Crippen antwortete: „Ich bedaure es nicht. Die Aufregung war viel zu groß."

Crippens Prozess in London dauerte vier Tage und machte publik, welche Überreste von Cora noch gefunden

WAR CRIPPEN DER MÖRDER?

Im Jahr 2007 untersuchte der Toxikologe John Trestrail die Beweise erneut. Crippen hatte stets seine Unschuld beteuert, und einige Details des Falls, etwa die Zerstückelung der Leiche, passten nicht ins Profil eines Giftmörders, der Gewalt eigentlich vermeiden möchte. Forensische Pathologen von der Universität Michigan verglichen die DNA der Leiche, die in Hilldrop Crescent gefunden wurde, mit jener von Coras Nachfahren. Das Ergebnis: Die mitochondriale DNA von Coras Verwandten, die sich im Laufe der Generationen nicht verändert, stimmte nicht mit den Proben von der Leiche überein. Noch erstaunlicher war, dass die DNA ein Y-Chromosom enthielt, was bedeutete, dass der Torso der eines Mannes war. Diese Ergebnisse beweisen zwar nicht, dass Crippen unschuldig war, aber man kann mit Gewissheit sagen: Er hatte seine Frau Cora nicht ermordet, zerstückelt und ihren Rumpf anschließend unter dem Kellerboden begraben.

LINKS: Cora „Belle Elmore" Crippen war eine Society-Lady, die zahlreiche Affären hatte. Sie und Crippen waren ein sehr ungleiches Paar.

SCOPOLAMIN

Scopolamin, auch Hyoscin genannt, wird aus der Tollkirsche gewonnen. Zur Zeit Crippens wurden damit Reiseübelkeit oder Regelschmerzen behandelt. Es wurde auch zum Ruhigstellen von gewalttätigen Geisteskranken verabreicht. Als Gift ist Scopolamin nur in hohen Dosen wirksam – etwa die gut 300 mg, die Crippen bestellt hatte. Diese Dosis hätte zu Mundtrockenheit, verschwommenem Sehen, Koma, Lähmung und zum Tod geführt. Überlebt ein Opfer die Vergiftung, erholt es sich oft ohne bleibende Schäden davon. Manche sehen die Wahl des Gifts als Beweis für Crippens Unschuld: Warum sollte er Scopolamin verwenden, wenn das viel tödlichere Arsen überall erhältlich ist?

worden waren: Teile ihrer Leber und Niere, ein Lockenstab, an dem sich noch einige ihrer Haare befanden, und ein Stück von Crippens Pyjama. Crippen plädierte auf nicht schuldig, aber die vielen Lügen, die er dem Varietéverein erzählt hatte, überzeugten die Geschworenen vom Gegenteil. Nach nicht einmal einer halben Stunde Beratung kamen sie zu ihrem Urteil: schuldig. Am 23. November 1910 wurde er im Pentonville-Gefängnis durch Erhängen hingerichtet.

Vor seinem Tod überzeugte Crippen das Gericht noch davon, dass Ethel Le Neve nichts mit Coras Verschwinden zu tun hatte. Nach zwölfminütiger Beratung erklärten die Geschworenen Le Neve für unschuldig. Am Tag von Crippens Hinrichtung reiste sie per Schiff nach Toronto. Später kehrte sie unter dem Namen Ethel Harvey nach London zurück. Sie heiratete und starb im Jahr 1967. Das Crippen-Haus in Hilldrop Crescent wurde im Zweiten Weltkrieg von deutschen Bomben zerstört.

OBEN: Crippen und Le Neve werden verhaftet und vom kanadischen Schiff SS Montrose *geführt. Der Kapitän des Schiffs hatte sich von Le Neve, die als Junge verkleidet war, nicht täuschen lassen.*

Das Regenschirmattentat auf Georgi Markov

An einem Septemberabend des Jahres 1978 wartete Georgi Markov auf der Waterloo Bridge in London auf einen Bus, als er plötzlich einen Stich in seinem Bein spürte.

Ein untersetzter Mann, der neben Markov stand, ließ einen Regenschirm fallen, murmelte mit einem ausländischen Akzent „sorry“ und stieg in ein Taxi. Drei Tage später war Markov tot. Die Geschichte hinter diesem Vorfall aus der Zeit des Kalten Kriegs liest sich wie ein Spionageroman von Ian Fleming.

Georgi Markov war ein bulgarischer Schriftsteller und Dissident, der dem kommunistischen Regime seines Heimatlands ein Dorn im Auge war. Die Regierung ließ Markovs Theaterstücke zensieren und stoppte den Druck eines seiner Romane.

Im Jahr 1969 floh Markov ins Exil. In London kritisierte er weiterhin das bulgarische Regime. Seine Kommentare wurden in den internationalen Nachrichten der BBC ausgestrahlt. Seine giftigsten Aussagen galten dem bulgarischen Diktator Todor Schiwkow, der Markov zur „Unperson“ erklärte und ihn in Abwesenheit zu sechs Jahren Haft für seinen Verrat verurteilte.

Markov befand sich auf dem Heimweg nach Dorset, als sich der Vorfall auf der Waterloo Bridge ereignete. Es stellte sich heraus, dass Markov von einem umgebauten Regenschirm verletzt worden war. An der Spitze des Schirms saß ein Druckluftzylinder, der eine 1,52 mm große Metallkugel in Markovs Oberschenkel geschossen hatte. In die Kugel waren zwei Löcher mit einem Durchmesser von je 0,34 mm gebohrt, sodass ein kreuzförmiger Hohlraum entstanden war. Solche Löcher kann man in ein hartes Metall nur mit einem Laser schneiden.

Die Löcher der Kugel waren von Wachs bedeckt gewesen. In Markovs Bein war das Wachs durch die Körperwärme geschmolzen, sodass die Kugel ihre Füllung abgeben konnte: etwa ein Fünftel Milligram eines Pflanzengifts, das später als Rizin identifiziert wurde. Bei der Obduktion wurden zwar keine Spuren dieses Gifts in Markovs Leiche nachgewiesen, aber seine Symptome waren die einer Rizinvergiftung gewesen. Bei einem späteren Versuch, die Vermutung zu beweisen, injizierten Wissenschaftler einem Schwein eine ähnliche Menge Rizin.

Nach sechs Stunden hatte das Schwein hohes Fieber, eine erhöhte Konzentration weißer Blutzellen und die gleichen inneren Blutungen, die für Markov tödlich gewesen waren. Markov starb nur wenige Stunden nach dem Attentat. Die Indizien verdichteten sich: Bei der CIA kannte man Rizin als Biowaffe, die von den Sowjets und ihren Verbündeten entwickelt worden war. Außerdem hatte der bulgarische Geheimdienst schon einmal ein ähnliches Attentat auf den Dissidenten Vladimir Kostov verübt, das dieser jedoch überlebte. Der Fall Markov wurde 2008 mit der Hilfe der bulgarischen Regierung wieder aufgerollt, jedoch nie ganz gelöst.

GEGENÜBER: Georgi Markov, nachdem er aus Bulgarien nach Großbritannien geflohen war. Sein Mörder wurde bis heute nicht ausfindig gemacht.

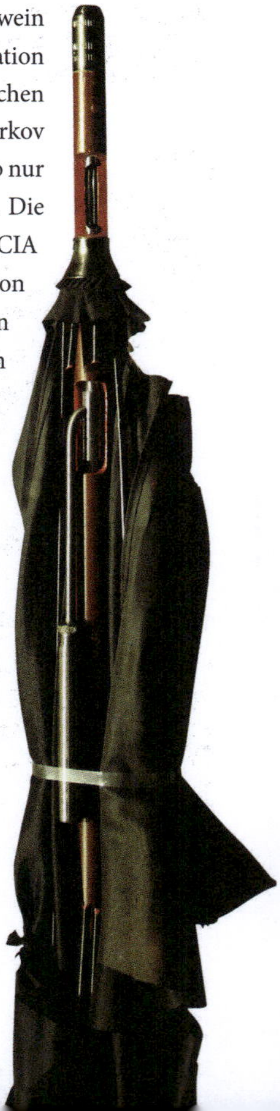

RECHTS: Schirmgewehr des KGB.

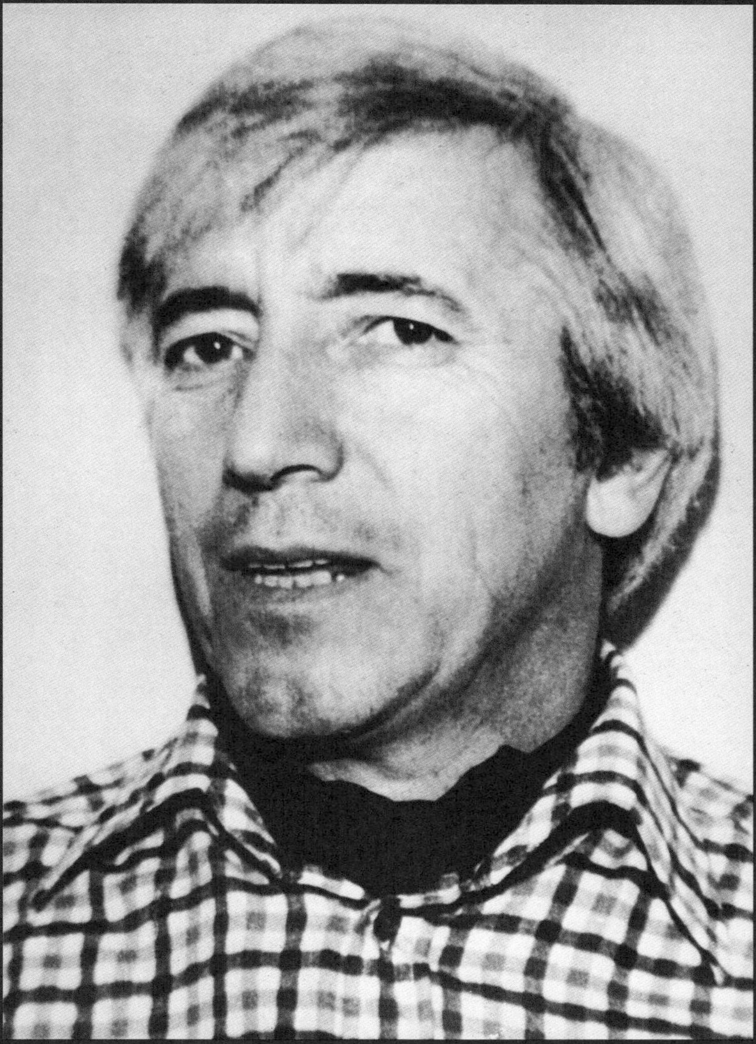

Rizin

Rizin ist ein starkes Gift, das aus den Samen des Wunderbaums (*Ricinus communis*) gewonnen wird – aus denen auch Rizinusöl hergestellt wird. Meist wird Rizin zu einem weißen Pulver verarbeitet.

ALLGEMEINES:

Die Samen des Wunderbaums, die Rizin enthalten, sind äußerst giftig – 20 Samen können einen Erwachsenen töten. In Pulverform ist Rizin noch gefährlicher. Meist sind bereits schon wenige Körnchen, etwa 1,78 mg, tödlich. Rizin ist einfach zu gewinnen und wurde im frühen 20. Jahrhundert vom britischen und US-Militär als Bestandteil von Munition und Bomben in Betracht gezogen. Während des Kalten Kriegs wurde es vom sowjetischen KGB und von anderen kommunistischen Staaten als Biowaffe eingesetzt. In den 1970ern kam es zu den Attentaten auf die bulgarischen Dissidenten Georgi Markov (Seiten 130–131) und Vladimir Kostow. Im Jahr 2013 verschickten Terroristen Briefe, die Rizin enthielten, an den New Yorker Bürgermeister Michael Bloomberg und den damaligen US-Präsidenten Barack Obama; beide Sendungen wurden jedoch abgefangen. Im Jahr 2018 fand man Rizin in Paketen, die an das Pentagon adressiert waren.

GIFTWIRKUNG:

Eine Rizinvergiftung wird meist durch die Einnahme, das Einatmen oder die Injektion des Gifts verursacht. Rizin besteht aus zwei giftigen Elementen: das erste dringt in die Zellen des Körpers ein und erzeugt einen Tunnel, durch den das zweite Gift in die Zelle gelangen kann. Dieses Gift blockiert die Proteinsynthese, sodass die Zelle abstirbt. Sobald sich das Rizin im Blutkreislauf befindet, wird der ganze Körper davon betroffen. Das Gift wirkt jedoch langsam: Die Symptome treten meist erst zwischen vier und 24 Stunden auf. Anschließend folgt ein langes, qualvolles Sterben, das sich je nach Dosis drei bis fünf Tage lang hinziehen kann.

SYMPTOME:

Die typischen ersten Anzeichen einer Rizinvergiftung sind unter anderem Atemnot, Fieber, Husten, Engegefühl in der Brust sowie Übelkeit, gefolgt von Erbrechen, blutigem Durchfall und niedrigem Blutdruck. Manchmal füllt sich die Lunge mit Flüssigkeit. Im weiteren Verlauf treten Lungenversagen und schwere Organschäden auf. Die Milz, Leber und Niere des Opfers versagen, was zum Tod führt.

BEHANDLUNG:

Gegen eine Rizinvergiftung gibt es kein Gegenmittel. Man kann nur versuchen, das Gift aus dem Körper zu spülen. Manchmal wird Aktivkohle gegeben, um das Gift im Magen zu binden, damit der Körper es ausscheiden kann.

BERÜHMTE VERGIFTUNGSFÄLLE:

- Der sowjetische Dissident und Schriftsteller Alexander Solschenizyn überlebte 1971 ein Attentat des KGB. Er starb 2008 an einem Herzinfarkt.
- Im Jahr 1981 wurde dem CIA-Doppelagenten Boris Korczak in die Niere geschossen. Die Kugel enthielt Rizin. Der Anschlag war vermutlich das Werk des KGB. Korczak überlebte, da sein Körper die Kugel wie einen Nierenstein ausgeschieden hatte.
- Im Jahr 2014 schickte der jugendliche US-Amerikaner Nicholas Helman eine mit Rizin präparierte Geburtstagskarte an den neuen Freund seiner Ex-Freundin. Helman flog auf und wurde nach einer Schießerei mit der Polizei verhaftet.

GEGENÜBER: Botanische Illustration des Wunderbaums.

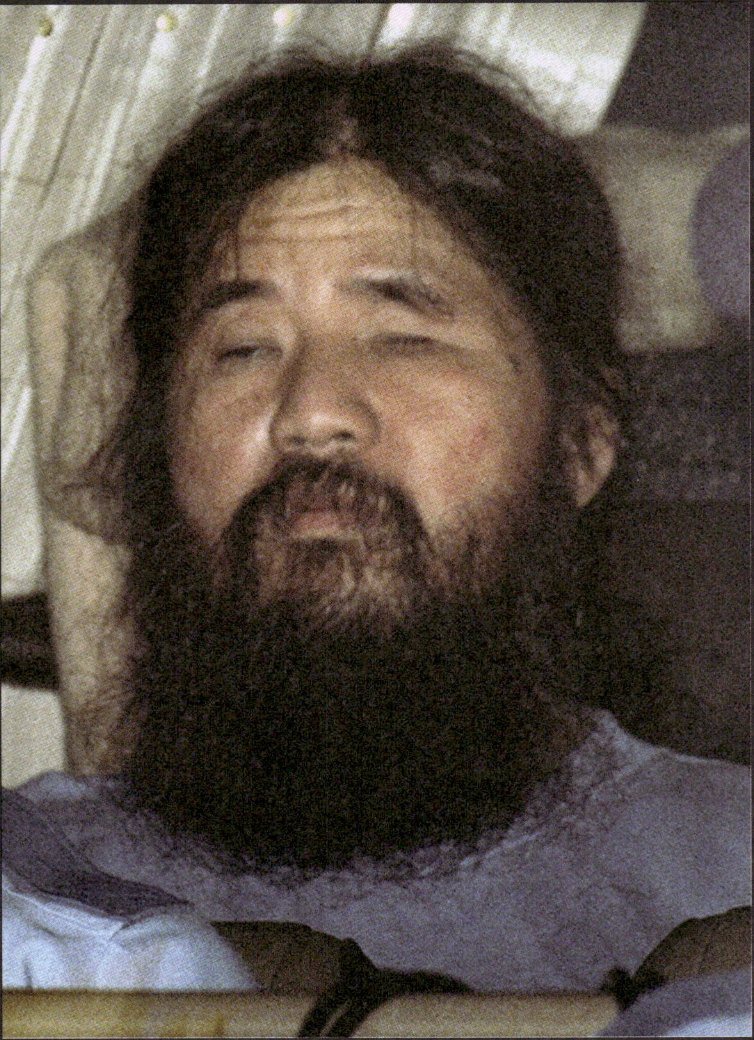

Giftanschlag in der U-Bahn von Tokio

Im März 1995 erhielt der halb blinde Sektenführer Shōkō Asahara beunruhigende Nachrichten. Einer seiner Anhänger, der für die Regierung arbeitete, hatte von einer geplanten Polizeirazzia auf das Hauptquartier von Asaharas „Aum"-Sekte erfahren.

Daraufhin befahl Asahara fünf Sektenmitgliedern, einen Terroranschlag auszuführen, der, wie er hoffte, eine globale Apokalypse auslösen würde. Ziel des Anschlags war die U-Bahn von Tokio. Als Gift wählte er das tödliche Nervengas Sarin.

Im morgendlichen Berufsverkehr des 20. März war alles wie immer, als sich die Pendler in die betriebsamste U-Bahn der Welt quetschten. Aber unter ihnen befanden sich auch fünf Mitglieder der Aum-Sekte. Jedes trug eine in Zeitungspapier eingewickelte Plastiktüte, in der sich Sarin befand. Dieses flüchtige, tödliche Gift wurde von den Nazis entwickelt. Wird das flüssige Sarin freigesetzt, verdunstet es zu einem Gas und breitet sich rasch und großflächig aus. Tausende Pendler waren in diesem Moment bedroht.

Die fünf Aum-Mitglieder passten nicht ins Profil der typischen Selbstmordattentäter: drei waren Physiker, ein weiterer war Arzt. Die Terroristen hatten auch nicht vor, sich selbst zu töten: Jeder trug eine Spritze mit dem Gegenmittel Atropinsulfat bei sich, und am Ausgang der U-Bahn wartete ein Fluchtfahrer. Zurück im Hauptquartier wurden sie vom charismatischen Guru Shōkō Asahara als Helden gefeiert. Die von ihm gegründete Sekte „Omu Shinrikyo" war eine offiziell anerkannte Religionsgemeinschaft mit über 40.000 Anhängern weltweit.

Um 8:00 Uhr wurde der Anschlag ausgeführt. Jeder Terrorist saß in einer anderen U-Bahn-Linie, damit sie zusammen den größtmöglichen Schaden anrichten konnten. Die zwei oder drei Tüten mit Sarin, die jeder bei seinen Füßen stehen hatte, wurden nun mit angespitzten Regenschirmen aufgestochen. Während die Flüssigkeit austrat und sich in unsichtbare Giftgaswolken verwandelte, flohen die Terroristen. Einer von ihnen hatte seine Tüten so ungeschickt aufgestochen, dass er vergiftet wurde und sich im Fluchtwagen das Gegenmittel spritzen musste.

GEGENÜBER: Shōkō Asahara, der Anführer der Aum-Sekte, nach seiner Verhaftung im Jahr 1995. Er wurde 2018 durch Erhängen hingerichtet.

Die Passagiere der U-Bahn spürten schon bald ein Brennen in ihren Augen und Nasen. Sie fingen an zu zittern und zu husten. Einige übergaben sich. Später sagten viele aus, dass die Luft dick wurde und nach Farbverdünner roch. Panik brach aus und die Passagiere riefen sich gegenseitig zu, dass sie aus der U-Bahn aussteigen mussten.

In einigen der Züge wurde die Notbremsung ausgelöst und die Passagiere strömten nach Luft schnappend aus der U-Bahn. Viele brachen auf den Bahnsteigen zusammen; Blut strömte aus ihren Nasen. In den Zügen und auf den Bahnsteigen türmten sich schon bald die Opfer. Manche hatten Krampfanfälle, andere verloren das Bewusstsein. Einige der Züge fuhren weiter Richtung Stadtzentrum. Man wusste noch nicht, dass die Sarin-Pfützen für die „fahrenden Gaskammern", wie die japanische Presse die Züge später nannte, verantwortlich waren.

Shōkō Asahara hatte gehofft, durch diesen Giftanschlag tausende Menschen zu töten und das US-Militär für das Unglück verantwortlich zu machen. Er dachte, dass er dadurch nicht nur von seinen eigenen zweifelhaften Plänen ablenken könnte, sondern auch einen Atomkrieg zwischen Japan und den USA auslösen würde. Asahara versprach seinen Anhängern, dass sie die darauf folgende Apokalypse überleben und anschließend mit ihm im mythischen Königreich Shambala leben würden.

Die Zahl der Todesopfer in der U-Bahn von Tokio erfüllte Asaharas Ansprüche jedoch nicht. Der Anschlag war zwar die tödlichste Terrorattacke in der Geschichte Japans gewesen, aber nur 13 Personen starben, 5500 weitere wurden verletzt. Viele der Opfer litten noch jahrelang unter den Auswirkungen des Anschlags, vor allem unter Sehstörungen und posttraumatischem Stress. Der Grund für die geringe Zahl der Todesopfer war die schlechte Qualität des verwendeten Sarins. Asahara hatte bereits 1994 einen Anschlag mit hochwirksamem Sarin ausgeführt, um in einem Rechtsstreit um den Landbesitz der Sekte die vorsitzenden Richter zu ermorden. Damals wurde das Gift mithilfe von Ventilatoren, die auf Lastwagen montiert waren, in die Luft um die Häuser der Richter in Matsumoto geblasen. Acht Menschen starben bei diesem Angriff, 500 weitere wurden verletzt.

Der Fall Matsumoto war ausschlaggebend, dass die Polizei nach dem Anschlag in Tokio sofort an Asahara dachte. Im Mai 1995 führten tausende Polizisten Razzien in den Gebäuden der Aum-Sekte durch, unter anderem im Hauptquartier in Tokio. Dort fanden sie Sprengstoffe, mehrere Millionen Dollar Bargeld, einen russischen Militärhubschrauber sowie Chemiewaffen – unter ihnen auch genügend Sarin, um über vier Millionen Menschen zu töten. In den Labors der Sekte wurden außerdem die Drogen LSD, Methamphetamin und eine Art Wahrheitsserum hergestellt. Man entdeckte auch einige Gefangene, die in Zellen festgehalten wurden.

Bei diesen Razzien wurden über 150 Sektenmitglieder verhaftet. Schließlich fand man auch Shōkō Asahara, der sich in einem kleinen Raum hinter einer falschen Mauer versteckte. Er hatte einen Seidenpyjama, einen Schlafsack und reichlich Bargeld bei sich. Während seines Prozesses stammelte Asahara unverständliches Zeug und seine Verteidigung legte aufgrund seiner Unzurechnungsfähigkeit Berufung gegen das Todesurteil ein. Da sich Asahara in der Haftanstalt jedoch ganz normal verständigen konnte, wurde die Berufung abgewiesen. Shōkō Asahara und sechs weitere Sektenmitglieder wurden am 6. Juli 2018 durch Erhängen hingerichtet.

SHŌKŌ ASAHARA

Asahara wurde 1955 als Chizuo Matsumoto geboren und gründete 1987 die Sekte Omu Shinrikyo („Aum"). Im Jahr 1989 wurde sie als Religion anerkannt. Die Sekte vermischte Hinduismus, Buddhismus und christliche Weltuntergangsprophezeiungen. Asahara schrieb Bücher, in denen er sich als neuer Christus darstellte, der die Sünden seiner Anhänger in spirituelle Energie umwandeln würde. Bei den Initiationszeremonien wurden die Anhänger zum Konsum von großen Mengen LSD animiert. Manchmal hängte man sie auch kopfüber auf und gab ihnen Elektroschocks. Anschließend sollten sie speziell entworfene, mit Elektroden bestückte Mützen tragen, die ihre Gehirne durch ständige elektrische Impulse programmieren sollten. Die Anhänger mussten ihre Familien verlassen und ihre Ersparnisse an Asahara überschreiben. Um ihre spirituelle Erleuchtung zu fördern, konnten sie Phiolen, die das Badewasser Asaharas enthielten, kaufen. Die meisten der Anhänger, waren junge, idealistische Personen, die mit der materialistischen, konformistischen Gesellschaft unzufrieden waren. Unter ihnen befanden sich einige Wissenschaftler, die für Asahara Drogen und Gifte herstellten und als Aufseher in seiner Fabrik arbeiteten. Das jährliche Einkommen der Sekte durch die Fabrik und andere Betriebe belief sich auf Millionen. Mit diesem Geld bereitete sich Asahara auf einen Dritten Weltkrieg vor, den seinen Worten nach die USA beginnen würde. Ab 1993 stellte Aum auch Chemiewaffen her, darunter Anthrax, VX und Sarin. Aum wurde nach dem Anschlag 1995 in „Aleph" umbenannt und existiert in Japan heute noch. In Russland gab es Omu Shinrikyo bis 2016, als die Sekte nach einer Razzia als terroristische Organisation eingestuft wurde.

GEGENÜBER: Beginn der Reinigungsarbeiten in der U-Bahn von Tokio im Jahr 1995.

地下鉄
SUBWAY
霞ケ関駅
Kasumigaseki Sta.

LOT : 564
DATE : 2016
N.W : 18kg

Sarin

Sarin ist ein farbloser, synthetisch hergestellter Nervenkampfstoff, der für den Einsatz als Chemiewaffe entwickelt wurde. Sein Name wurde aus einigen Buchstaben seiner Entdecker zusammengesetzt: Schrader, Ambros, Rüdiger und van der Linde.

ALLGEMEINES:

Sarin wurde erstmals von den Wissenschaftlern der Nazis hergestellt, aber zu Kriegsende befand sich die Entwicklung in der Anfangsphase und das Gift wurde noch nicht als Kampfstoff eingesetzt. In den 1950er-Jahren nahmen die USA, die UdSSR und die NATO Sarin als Chemiewaffe in ihr Arsenal auf, bevor die Chemiewaffenkonvention 1997 das Einlagern dieses Gifts verbot. Seit damals wurden weltweit mehr als 14.000 Tonnen Sarin vernichtet. Zuvor wurde der Kampfstoff jedoch noch 1988 vom Irak gegen die ethnischen Kurden eingesetzt (siehe „Berühmte Vergiftungsfälle"). Sarin kann eingenommen, von der Haut absorbiert oder als Flüssigkeit ausgesetzt werden. In letzterer Form verdampft das Gift zu einem unsichtbaren Gas, das sich ausbreitet. Der Kontakt mit Sarin ist extrem gefährlich. Bereits geringe Mengen können einen Erwachsenen in weniger als zehn Minuten töten. In Gasform ist Sarin 26-mal tödlicher als Cyanid und gilt als Massenvernichtungswaffe. Im syrischen Bürgerkrieg wurde Sarin von der Regierung Syriens 2013, 2017 und 2018 eingesetzt.

GIFTWIRKUNG:

Sarin blockiert ein Enzym (Acetylcholinesterase), das im Körper für den Abbau des Neurotransmitters Acetylcholin zuständig ist. Das bedeutet, dass dieser Neurotransmitter, der Impulse zwischen den Nervenzellen überträgt, immer wieder die gleichen Signale weitergibt. Lautet das Signal etwa „Speichel im Mund produzieren", entsteht durch die Wiederholung dieser Botschaft ein vermehrter, ständiger Speichelfluss. Das klingt relativ harmlos, aber eine zu hohe Konzentration von Acetylcholin erzeugt eine Überaktivität von Muskeln und Drüsen: Augen, Nase und Mund produzieren ständig Sekrete, und der Darm und die Blase entleeren sich unkontrolliert.

GEGENÜBER: Eine Artillerierakete aus dem syrischen Bürgerkrieg. Statt eines Sprengkopfs hat sie eine Gasflasche.

SYMPTOME:

Die Symptome einer Sarinvergiftung treten rasch auf: verengte Pupillen, tränende Augen, verschwommenes Sehen, laufende Nase, vermehrter Speichelfluss, Schmerzen in der Brust, Schnappatmung, Husten, Erbrechen, Durchfall, unkontrolliertes Wasserlassen, Verwirrung, Muskelschwäche, Kopfschmerzen, veränderter Puls, gefolgt von Krämpfen, Lähmungen, Lungenversagen und Tod.

BEHANDLUNG:

In einem Gebiet, das durch Sarin verseucht wurde, sollte man versuchen, den kontaminierten Bereich so schnell wie möglich zu verlassen und sich am besten in eine höhere Lage zu begeben, da gasförmiges Sarin zu Boden sinkt. Es wird empfohlen, die Kleidung auszuziehen, die Augen mit Wasser zu spülen und die Haut mit Seife zu waschen. Das Gegenmittel Atropinsulfat stellt die Funktion des Enzyms Acetylcholinesterase wieder her.

BERÜHMTE VERGIFTUNGSFÄLLE:

- Im März 1988 griffen irakische Soldaten unter dem Befehl Saddam Husseins die kurdische Stadt Halabdscha mit Giftgas an, unter anderem mit Sarin. Bei diesem Massaker starben über 5000 Menschen; unzählige andere wurden blind und erkrankten.
- Im Jahr 2013, während des Syrienkriegs, wurden Rebellen in Ghuta, in der Nähe der Hauptstadt Damaskus, mit Chemiewaffen attackiert. Bei diesem Angriff wurden auch Raketen, die Sarin enthielten, verwendet. Zwischen 280 und 1729 Menschen verloren ihr Leben.

Hausbesuch von Doktor Tod

Der Tod der 81-jährigen Kathleen Grundy kam für ihre Tochter Angela Woodruff sehr überraschend. Grundy erfreute sich bester Gesundheit, bevor sie nach einem Hausbesuch ihres Arztes Harold Shipman plötzlich starb.

Einige Wochen später tauchte ein stümperhaft verfasstes Testament auf, das Grundys gesamten Besitz Shipman vermachte. Angela war besorgt und benachrichtigte die Polizei. Grundys Leiche wurde exhumiert. In ihrem Körper fanden sich Spuren von Diamorphin (Heroin). Kathleen war ermordet worden.

Als die Polizei Shipman nach der Obduktion an Grundy des Mordes anklagte, wusste noch niemand, dass der angesehene Arzt einer der tödlichsten Serienmörder der Geschichte war. Shipman betrieb eine Einzelpraxis in Hyde bei Manchester und war besonders bei älteren Patienten sehr beliebt. Auch die meisten seiner Opfer waren Senioren. Bekannt sind 218 Opfer, aber manche Schätzungen gehen davon aus, dass Shipman zwischen 1974 und 1998 über 250 Patienten ermordet hatte.

Harold Frederick Shipman wurde 1946 in Nottingham als Sohn eines LKW-Fahrers geboren. Nachdem er gesehen hatte, wie seine krebskranke Mutter, die im Sterben lag, Morphiumspritzen verabreicht bekam, entwickelte er eine Faszination für Drogen. Shipman studierte Medizin und praktizierte ab 1974 als Hausarzt. Schon bald wurde er dabei erwischt, wie er sich ein Rezept für Pethidin ausstellte, ein Schmerzmittel, von dem er abhängig war. Shipman begab sich in eine Entzugsklinik und arbeitete ab 1977 als Hausarzt in Hyde bei Manchester.

Über Shipman sagte man, dass er immer Zeit für seine älteren Patienten hatte. Er machte sogar Hausbesuche. Im Jahr 1998 fiel einem Bestatter in Hyde auf, dass viele der von Shipman betreuten Seniorinnen starben. Die meisten der Leichen fand man in ihrem Zuhause, bekleidet und aufrecht in einem Sessel sitzend. Als Todesursache schrieb Shipman auf den Totenschein oft „Altersschwäche". In Wirklichkeit hatte er seinen Patienten Morphium und Diamorphin gespritzt, was zu einem Atemstillstand führte.

Eine polizeiliche Untersuchung im Jahr 1998 hatte nichts Verdächtiges ergeben, aber nach Kathleen Grundys Tod am 24. Juni flog Shipman auf. Bei einer Hausdurchsuchung fand man die Schreibmaschine, auf der Shipman Grundys Testament gefälscht hatte, und in Grundys Patientenakte war nachträglich eingetragen worden, dass die Frau von Morphium abhängig war. In Shipmans Haus fand man einen großen Vorrat an Diamorphin sowie Schmuck im Wert von 10.000 Pfund, der nicht Shipmans Frau gehörte.

War Geld das Mordmotiv gewesen? Außer dem Schmuck von Grundy fanden sich dafür keine Beweise. Einige Psychologen vermuteten, dass Shipman seine tote Mutter rächen wollte oder dass er die Senioren tötete, damit sie nicht das staatliche Gesundheitssystem belasteten. Andere glauben, dass er einfach Gott spielen wollte. Seine wahren Motive werden jedoch immer im Dunkeln bleiben: Shipman, der zu lebenslanger Haft verurteilt worden war, erhängte sich im Jahr 2004 in seiner Gefängniszelle.

GEGENÜBER: Der Arzt Harold Shipman, der mindestens 218 Menschen ermordete.

Mord unter Nachbarn

Nicht jedem Giftmord liegen politische oder terroristische Motive zugrunde. Manchmal reicht auch schon ein banaler Nachbarschaftsstreit aus, um einen Menschen zum Mörder zu machen.

Wie auch bei diesem mysteriösen Vergiftungsfall, der sich 1988 in Florida ereignete. Die Ermittlungen verliefen im Sand, bis die Polizei auf den nachtragenden Nachbarn George Trepal aufmerksam wurde.

George Trepal begann seinen Rachefeldzug gegen seine Nachbarn, die Carrs, nachdem ihre Hunde seine Katzen gejagt und ihre Kinder laut Musik gehört hatten. Es gab einige hitzige Konfrontationen. Eines Tages fanden die Carrs einen Zettel mit einer getippten Nachricht vor der Tür: „Ich gebe Ihnen und Ihrer sogenannten Familie zwei Wochen Zeit, um Florida für immer zu verlassen. Tun Sie das nicht, werden Sie alle sterben. Das ist kein Witz."

Die Carrs nahmen die Drohung nicht ernst. Einige Wochen später klagte die 41-jährige Peggy Carr plötzlich über Magenbeschwerden, Taubheit in Händen und Füßen sowie schlimme Beinschmerzen.

Die Ärzte hielten ihre Symptome für psychosomatisch, aber als Peggys Haare ausfielen, wurden sie stutzig. Peggy konnte nicht mehr sprechen und wurde ins Krankenhaus eingewiesen. Bald darauf traten die gleichen Symptome auch bei den Kindern der Carrs auf. Ein Test ergab eine erhöhte Konzentration des Gifts Thallium im Blut.

Die Ermittler vermuteten ein Verbrechen und fanden heraus, dass das Thallium aus einem Achterpack Coca-Cola stammte. Kurioserweise fand sich das Gift auch in den noch ungeöffneten, versiegelten Flaschen, nicht nur in den angebrochenen. Einige Monate später erlag Peggy der Vergiftung. Nun wurde der Fall als Mord behandelt. Ein Kommentar von Trepal, dass jemand einen Nachbarn vergiften könnte, um ihn „zum Ausziehen zu bewegen", brachte die Ermittler auf seine Spur. Es stellte sich heraus, dass Trepal in den 1970ern wegen seiner Arbeit in einem illegalen Amphetamin-Labor eine dreijährige Haftstrafe abgesessen hatte. Sein Motiv und sein Know-how waren nun bekannt, es fehlte aber noch der Beweis.

Bei einem Krimidinner, das Trepal im Holiday Inn veranstaltete, freundete sich eine verdeckte Ermittlerin mit ihm an. Unter den Hinweisen im Spiel war auch die Nachricht: „Wenn eine Todesdrohung vor der Tür liegt ... werfen schlaue Leute ihre Lebensmittel weg. Was man vor der Tür findet, ist meist die Botschaft eines Nachbarn, die sagt: ‚Ich mag dich nicht. Zieh aus, sonst setzt's was.'"

Die Ermittlerin mietete sich in Trepals Haus ein, nachdem er ausgezogen war. Sie fand eine Flasche Thallium und eine Verschließmaschine für Flaschen: Die Indizien genügten, um George Trepal 1991 wegen des Mordes an Peggy Carr zum Tode zu verurteilen. Als dieses Buch geschrieben wurde, saß Trepal noch in der Todeszelle.

OBEN: Die Cola-Flaschen, die George Trepal mit Thallium versetzt hatte.

GEGENÜBER: Die Mordkommissarin Susan Goreck ermittelte verdeckt.

Ein Giftmörder als Idol

Man würde nicht vermuten, dass ein englischer Serienkiller ein Vorbild für ein japanisches Schulmädchen sein könnte. Aber im Jahr 2005 kopierte eine 16-Jährige aus der Präfektur Shizuoka die Verbrechen des Mörders Graham Young.

Sie vergiftete das Essen und die Getränke ihrer Mutter mit Thallium, dem Gift, mit dem auch Young gemordet hatte. Den körperlichen Verfall der Mutter hielt die Jugendliche in einem Blog fest. Diese Einträge führten schließlich zu ihrer Verhaftung.

Das Mädchen aus Shizuoka, dessen Identität aufgrund seiner Minderjährigkeit anonym bleibt, hatte die Biografie des Mörders Graham Young gelesen und war von seinen Taten fasziniert. Young tötete in den 1960er- und 1970er-Jahren drei Personen und vergiftete Dutzende andere mit Thallium, Antimon und Belladonna.

Das Mädchen wollte ihrem Idol nacheifern und kaufte in einer Apotheke 50 mg Thallium, das sie, wie sie sagte, für ein Schulprojekt brauche. In ihrem Blog schrieb sie: „Der Mann in der Apotheke hatte keine Ahnung, was für ein starkes Gift er mir verkaufte."

Es hatte keine Anzeichen gegeben, dass das Mädchen ihre Mutter vergiften wollte. Die Jugendliche besuchte eine japanische Eliteschule, galt als fleißig und interessierte sich für Wissenschaft, besonders für Chemie.

Außerdem sezierte sie gern Tiere. „Ein Lebewesen töten. Der Moment, wenn man ein Messer in etwas hineinsteckt. Dieser kleine Seufzer. Finde ich beruhigend", schrieb sie. Später fand die Polizei im Zimmer des Mädchens einen abgetrennten Katzenkopf.

Nachdem sie begonnen hatte, ihre Mutter heimlich zu vergiften, dokumentierte die Jugendliche die giftige Wirkung des Thalliums in ihrem Blog. „Meine Mutter ist seit gestern krank. Sie hat am ganzen Körper einen Ausschlag", schrieb sie am 19. August. Am 12. September berichtete sie: „Meine Mutter beschwert sich seit zwei oder drei Tagen, dass ihre Beine nicht mehr mitmachen. Sie kann sich kaum noch bewegen."

Einige Tage später verschlechterte sich der Zustand der Mutter und sie wurde auf eine Intensivstation eingewiesen. „Mutter scheint zu halluzinieren", notierte das Mädchen. Auch im Krankenhaus gab es ihrer Mutter Thallium und nahm auch selbst welches, um sich nicht verdächtig zu machen. Der Bruder des Mädchens glaubte ihr aber nicht. „Ich habe heute und gestern ein Foto von ihr [der Mutter] gemacht. Mein Bruder sagt, dass ich einen durchdringenden Blick habe und dass er entsetzt sei."

Die Gerichtsverhandlung war ein klarer Fall. Das Mädchen war die einzige Person, die in Shizuoka in den letzten fünf Jahren Thallium gekauft hatte, und sie hatte in der Apotheke ihren Namen und ihre Adresse angegeben. Im Jahr 2006 kam sie in eine Justizvollzugsanstalt, wo sie angeblich „tagebuchartige Notizen und Gedichte" schreibt.

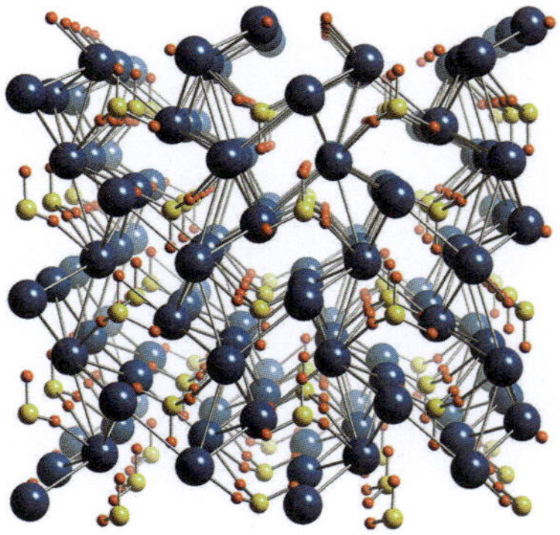

OBEN: Grafische Darstellung eines vergrößerten Thalliumkristalls.

GEGENÜBER: Der englische Serienmörder Graham Young, den die Presse den „Teetassenmörder" nannte.

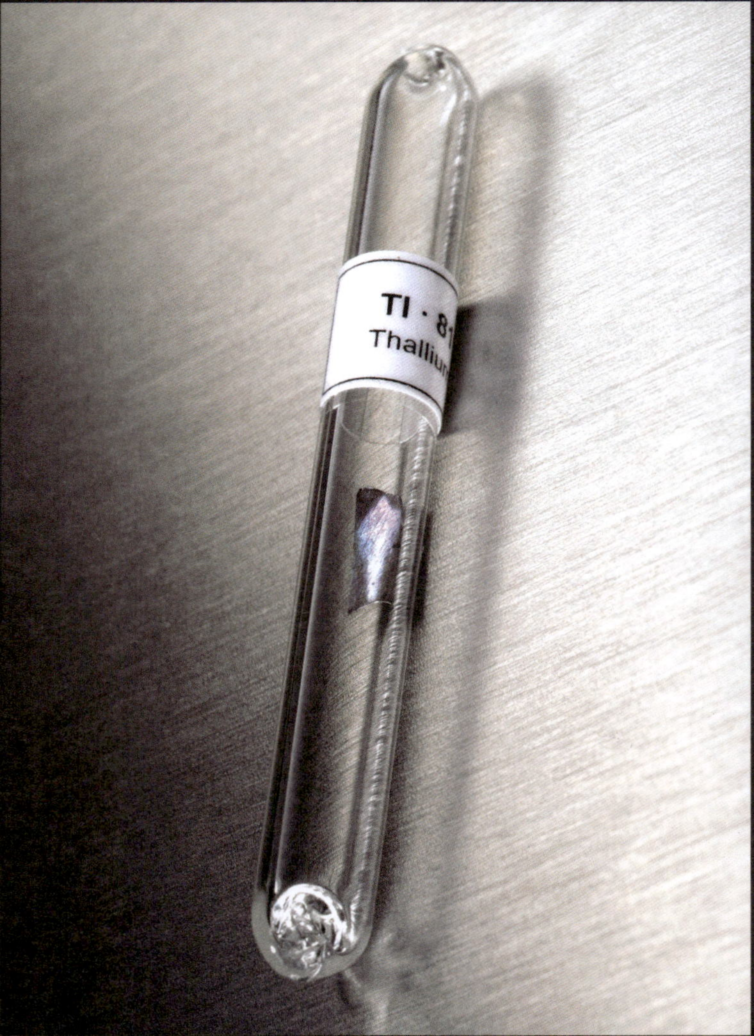
Tl · 8
Thalliu

Thallium

Thallium ist ein weiches, bläulich weißes Metall mit dem Elementsymbol Tl, das in geringen Mengen auch in der Erdkruste vorkommt.

ALLGEMEINES:

Thallium wurde 1861 entdeckt. Sein Name stammt vom griechischen Wort *thallos* („grüner Spross“), das die grüne Flamme von brennendem Metall bezeichnete. Früher wurde Thallium als Nebenprodukt beim Schmelzen anderer Metalle gewonnen. Das Verbrennen oder Schmelzen von Thallium ist jedoch gefährlich, da das Metall hochgiftig ist und von der Lunge oder der Haut leicht absorbiert wird. Thallium ist ein Bestandteil von Pestiziden und Rattengift, wird aber auch bei der Herstellung von Halbleitern verwendet. Bei der Verhüttung und beim Verbrennen von Kohle gelangt Thallium in die Atmosphäre; auch Pflanzen nehmen es leicht auf. Ist das Gift erst einmal in die Luft, ins Wasser und in den Boden gelangt, dauert es lange, bis es zerfällt. Es reichert sich auch in Fischen und Schalentieren an. Da es geruch- und farblos ist und nur schwer nachgewiesen werden kann, galt Thallium einst als besonders effektives Gift. Man nannte es „das Gift der Giftmischer“.

GIFTWIRKUNG:

Thallium zersetzt die menschlichen Zellen und greift vor allem die Zellen der Haarfollikel und des zentralen Nervensystems an. Es kann bis zu drei Wochen dauern, bis sich eine Thalliumvergiftung bemerkbar macht, meist durch starken Haarausfall, gefolgt von einer Atemdämpfung, Nieren-, Leber- und Herzversagen und schließlich dem Tod. Bei manchen Opfern verursacht Thallium auch Gehirnschäden, Persönlichkeitsstörungen und Psychosen.

SYMPTOME:

Die Symptome einer Thalliumvergiftung sind Haarausfall, Übelkeit, Bauchschmerzen, Erbrechen, blutiger Durchfall, Krämpfe, Zuckungen, Lungenentzündung und Tod.

BEHANDLUNG:

Bei einer Thalliumvergiftung wird das Pigment Berliner Blau als Gegenmittel gegeben. Außerdem wird zur Elimination des Gifts eine Magenspülung durchgeführt.

BERÜHMTE VERGIFTUNGSFÄLLE:

- In den 1950er-Jahren gab es in Australien einige dokumentierte Mordversuche mit Thallium. In vielen dieser Fälle hatten Vorstadtfrauen gewalttätige Familienmitglieder mit Thallium vergiftet.
- Im Jahr 1971 vergiftete ein ehemaliger französischer Geheimagent den antiimperialistischen kamerunischen Partisanenführer Félix-Roland Moumié in Genf. Man vermutete, dass der Mord im Auftrag der kamerunischen Regierung geschah, was aber nie bewiesen werden konnte.
- Saddam Hussein vergiftete irakische Dissidenten mit Thallium, bevor er sie des Landes verwies. Einige Wochen später starben sie im Exil.
- Im Jahr 2004 erkrankten russische Soldaten, die auf einer Müllkippe in der Nähe ihrer Kaserne eine Dose mit einem mysteriösen weißen Pulver gefunden hatten. Die Soldaten, die das Pulver für Talkum hielten, verwendeten es als Fußpuder und streckten damit ihren Tabak. Wie durch ein Wunder überlebten alle.

GEGENÜBER: Ein Stück Thallium in einem Reagenzglas, das mit dem Symbol „Tl“ gekennzeichnet ist.

Kapitel 6: Gifte im 21. Jahrhundert

Im 21. Jahrhundert werden Gifte häufig mit terroristischen Absichten eingesetzt. Nach den Anschlägen der Al-Qaida in den USA am 11. September 2001 folgte schon bald eine weitere hinterhältige Bedrohung, die der Sicherheit des Landes gefährlich werden konnte: Anthrax.

Als mehrere amerikanische Nachrichtensender Briefe mit Anthrax-Erregern erhielten, glaubte man an eine neue Terrorwelle der Islamisten. Anthrax oder Milzbrand ist eine Krankheit, die durch das Bakterium *Bacillus anthracis* übertragen wird. Seine Sporen werden als Biowaffe eingesetzt. Gelangen die Bakterien in den Körper, vermehren sie sich in den Blutgefäßen und blockieren die Organfunktionen. Die Opfer ertrinken in ihren eigenen Körperflüssigkeiten. Die Sporen, die in den Anthrax-Briefen verschickt wurden, stammten den Ermittlern zufolge aber nicht aus den Labors der Islamisten, sondern waren vom US-Militär entwickelt worden.

Terroristische Giftanschläge werfen also gleich zwei Probleme auf: Zuerst muss das richtige Gift identifiziert werden und dann der richtige Täter gefunden werden. Im Jahr 2004 wurde der ukrainische Präsidenschaftskandidat Viktor Juschtschenko stark entstellt, nachdem er mit Dioxin vergifteten Reis gegessen hatte. Die Drahtzieher hinter dem Anschlag wurden in der russischen Regierung vermutet, aber der Kreml ließ nur vermelden, dass Juschtschenko wohl verdorbenes Sushi verzehrt habe.

Russland distanzierte sich auch von zwei weiteren Giftanschlägen, die sich in Großbritannien ereigneten. Der erste betraf den ehemaligen russischen Spion Alexander Litwinenko, der 2006 mit Polonium ermordet wurde; der zweite den Doppelagenten Sergej Skripal und seine Tochter Julia, die 2018 mit Nowitschok vergiftet wurden. Die waffenfähigen Gifte beider Attentate konnten nur mit den Ressourcen eines Regierungslabors hergestellt worden sein. Beide Stoffe sind auch schon in der Sowjetunion produziert worden.

Bis heute konnte nicht bewiesen werden, dass die russische Regierung der Auftraggeber dieser Anschläge war, aber Experten zufolge haben nur hochrangige Kreml-Funktionäre die Berechtigung, solche streng geheimen Gifte freizugeben. Vor dem Giftanschlag auf die Skripals im Jahr 2018 hatte kaum jemand von Nowitschok gehört, heute ist das Gift einer breiten Öffentlichkeit bekannt. Nowitschok-Proben wurden in den Labors der NATO-Staaten untersucht, und Wissenschaftler entwickelten Methoden, das Gift nachzuweisen.

So änderte sich im 21. Jahrhundert die Rolle des Gifts als Mordwaffe. Neue Stoffe werden synthetisiert, getestet und ihre Wirkung anschließend erforscht, um das toxikologische Wissen auf den neuesten Stand zu bringen. Die Menschen der Urzeit vergifteten ihre Speere und Pfeilspitzen. In der Gegenwart werden Gifte von Regierungen in streng geheimen Militärlabors entwickelt und über die Grenzen geschmuggelt, um Staatsfeinde zu eliminieren. Bis jetzt wurde noch keine Stadt mit einem waffenfähigen Gift angegriffen, aber die Möglichkeit besteht und eröffnet ein neues, dunkles Kapitel in der Geschichte der Gifte.

GEGENÜBER: Arbeiter in Schutzanzügen reinigen den Tatort der Anthrax-Anschläge in Washington im Jahr 2001.

MEMBERS
STAFF
AND
VISITORS

Anthrax-Alarm in Washington

Nur eine Woche nach den Terroranschlägen vom 11. September 2001 erhielten einige Nachrichtensender und Senatoren in den USA Briefe mit Milzbrandsporen.

Der Absender war die fiktive „Greendale School" und die handgeschriebenen Briefe forderten: „Tod den USA". Sie schienen das Werk von Dschihadisten zu sein. Die Nachricht dieser neuen Bedrohung schockierte das Land. Schon wieder wurden die USA von Terroristen angegriffen.

Am 2. Oktober bekam Bob Stevens, Redakteur der Boulevardzeitung *Sun*, Atemnot und übergab sich. Einige Tage später starb er – die erste Person in den USA, die seit 25 Jahren an einer Anthraxvergiftung starb. Schon bald wurden weitere Personen ins Krankenhaus eingeliefert, darunter auch Postmitarbeiter. Später stellte sich heraus, dass einige der Anthrax-Briefe von den Sortiermaschinen der Post angestochen worden waren. Die Bakterien verbreiteten sich nun auch über die normale Post.

In der Zwischenzeit waren einige Briefe, die waffenfähige Anthraxsporen enthielten, in der Redaktion der *New York Times* und bei Senator Tom Daschle angelangt. Ein Teil des Gifts wurde in Form eines braunen Granulats verschickt, andere Briefe enthielten ein weißes Pulver, das wie Talkum aussah. Das Puder war hochwirksamer Anthrax, der beim Öffnen verdampfte und leicht eingeatmet werden konnte. Die Erreger greifen die Lunge und das Gehirn des Opfers an und zerfressen den Körper von innen heraus.

Am 21. Oktober starb der Postangestellte Thomas Morris an den Folgen der Einatmung von Anthraxsporen. Der Anschlag tötete 16 weitere Personen, darunter eine Frau aus Connecticut, deren Post offenbar einen kontaminierten Brief berührt hatte, sowie einen Krankenhausmitarbeiter aus Manhattan. Überall in den USA tauchten falsche Briefe auf und bei der Polizei liefen die Telefone heiß, weil immer wieder neue verdächtige Postsendungen gemeldet wurden.

Die Ermittler des FBI standen unter enormem Druck, die Täter zu finden. Sie vermuteten, dass der Terrorist ein US-Bürger mit Verbindungen zu einer Forschungseinrichtung war. Die Art, wie die Giftbriefe adressiert waren, folgte dem Stil, den man in den USA in der Schule lernt. Kurioserweise rieten einige der Briefe dem Adressaten zur unmittelbaren Einnahme von Penicillin. Außerdem hatten wohl nur amerikanische Wissenschaftler genügend Ahnung von waffenfähigem Anthrax. Die Ermittler hatten den Arzt Steven Hatfill im Verdacht. Er hatte in der Vergangenheit für das Biowaffenlabor USAMRIID (Medical Research Institute of Infectious Diseases) des US-Militärs gearbeitet, in dem auch Anthraxerreger lagerten.

Nachdem Hatfill jahrelang diffamiert wurde, sprach man ihn schließlich vom Verdacht frei. Im Jahr 2008 fand man einen neuen Verdächtigen: Bruce Ivins, ein Forscher im Bereich der Biosicherheit. Ivins hatte bereits mit Anthrax gearbeitet und passte ins Profil. Vor seinem Gerichtsprozess beging er jedoch Selbstmord. Für das FBI galt der Fall als gelöst, aber Kritiker argumentieren, dass Ivins weder das Equipment noch das Know-how besaß, um das Anthraxpulver mit Silikon zu überziehen, sodass es beim Öffnen der Briefe verdampfte. Viele glauben, dass sich der wahre Täter immer noch auf freiem Fuß befindet.

GEGENÜBER: Der Brief, der 2001 an die US-Senatoren Tom Daschle und Patrick Leahy verschickt wurde. In ihm befanden sich Anthraxsporen.

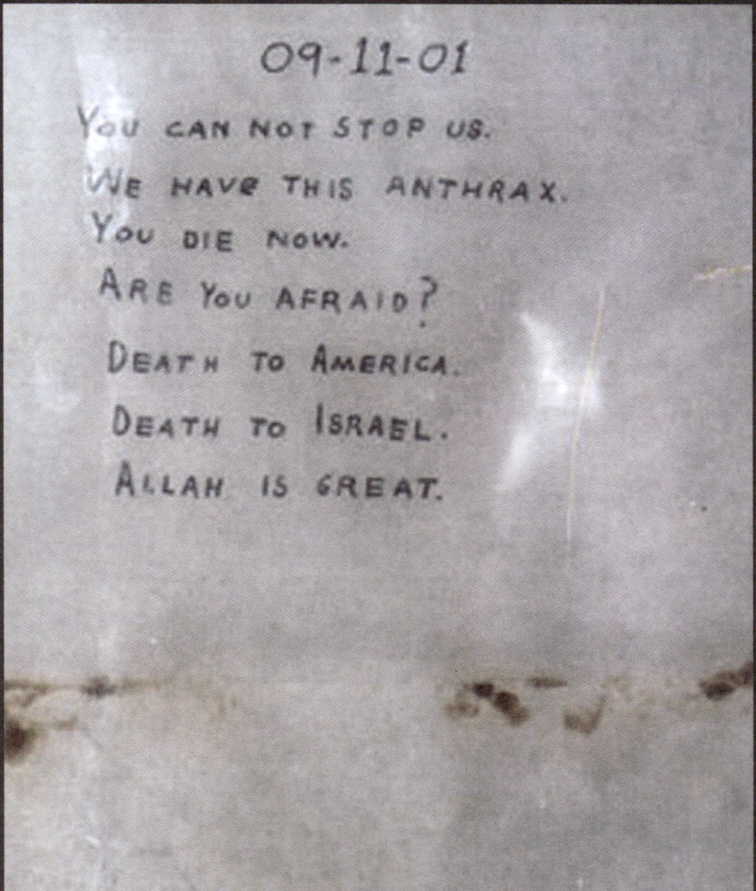

09-11-01

YOU CAN NOT STOP US.

WE HAVE THIS ANTHRAX.

YOU DIE NOW.

ARE YOU AFRAID?

DEATH TO AMERICA.

DEATH TO ISRAEL.

ALLAH IS GREAT.

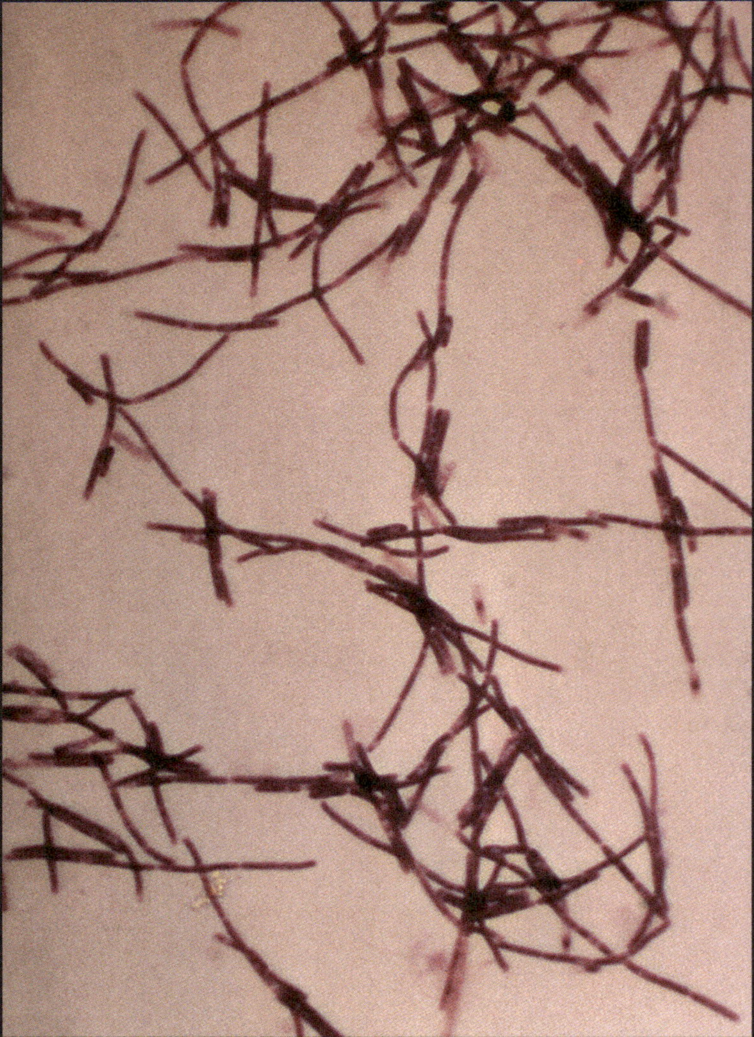

Anthrax

Anthrax oder Milzbrand ist eine Krankheit, die durch das Bakterium* Bacillus anthracis *verursacht wird. Dieses Bakterium produziert tödliche Sporen, die viele Jahre überleben können. Die Sporen können zu einem Pulver oder einer Flüssigkeit verarbeitet und als Biowaffe eingesetzt werden.

ALLGEMEINES:

Anthraxsporen kommen in der Natur im Boden vor. Sie befallen meist Weidetiere wie Schafe und Rinder und verursachen eine Darminfektion. Wenn Menschen das Fleisch eines erkrankten Tiers essen oder mit der Wolle, dem Fell oder dem Kadaver des Tiers in Kontakt kommen, besteht Ansteckungsgefahr. Milzbrand ist als Krankheit schon lange bekannt. Das Bakterium wurde 1863 entdeckt und 1876 als Organismus isoliert. Der Mikrobiologe Louis Pasteur entwickelte 1881 einen Impfstoff gegen Anthrax. Mehrere Länder nahmen die Sporen in ihr Biowaffen-Arsenal auf. Während des Kalten Kriegs arbeiteten die USA und die Sowjetunion an Anthrax-Waffenprogrammen. Das Gift lässt sich leicht herstellen und die Sporen sind klein genug, um sie als Aerosol über ein größeres Gebiet zu versprühen. Eine großflächige Ausbreitung wäre so tödlich wie die Explosion einer Atombombe. Anthrax kann auch mithilfe von Lenkraketen, Bomben, Agrarflugzeugen oder ähnlichen Luftfahrzeugen verbreitet werden. Trotz mehrerer terroristischer Versuche gab es bis dato noch keinen großflächigen Anthrax-Anschlag.

GIFTWIRKUNG:

Die drei häufigsten Formen des Milzbrands sind: Haut-, Darm- und Lungenmilzbrand. Die beiden ersteren kommen am öftesten vor und sind behandelbar. Lungenmilzbrand ist äußerst gefährlich, da es zur Aufnahme zahlreicher Anthraxsporen kommt. Wenn die Bakterien in den Blutkreislauf gelangen, zerstört Anthrax den Körper von innen heraus, da sich die Erreger rasch vermehren und schon bald Billionen von parasitären Mikroben das Blut bevölkern. Zum Zeitpunkt des Todes erscheinen sie wie große Würmer, die sich über die Blutgefäße des Opfers hermachen. Die ersten, grippeähnlichen Symptome führen schließlich zu einem qualvollen Tod: Schäden an Lunge und Gehirn führen zu inneren Blutungen, die Immunzellen des Körpers bersten, es kommt zu einem septischen Schock und das Opfer ertrinkt buchstäblich in seinen Körperflüssigkeiten.

SYMPTOME:

Lungenmilzbrand beginnt mit grippeähnlichen Symptomen, unter anderem mit Hals- und Gliederschmerzen und starker Müdigkeit. Es folgen Kurzatmigkeit, Erbrechen, Hautläsionen, Delirium, Fieber, Schock und schließlich der Tod.

BEHANDLUNG:

Der Anthrax-Impfstoff AVA wurde speziell für das US-Militär entwickelt und ist für die Allgemeinheit nicht verfügbar. Auch das Antibiotikum Ciprofloxacin kann helfen, die Infektion einzudämmen.

BERÜHMTE VERGIFTUNGSFÄLLE:

- Bereits im 2. Buch Mose wurde Anthrax erwähnt und viele Bibelgelehrte glauben, dass die fünfte der zehn biblischen Plagen eine Milzbrandepidemie war.
- Im Jahr 2006 erkrankte ein New Yorker Trommelbauer an Milzbrand, nachdem er Tierhäute zu Trommelfellen verarbeitet hatte. Er überlebte die Infektion.
- In den Jahren 2009 und 2010 erkrankten einige Heroinsüchtige in Deutschland und Großbritannien an Milzbrand. Sie schienen an Hautmilzbrand zu leiden, wiesen aber nicht das typische schwarze Geschwür dieser Krankheitsform auf. Ärzte glauben, dass das Heroin, das sie sich spritzten, mit Anthrax versetzt gewesen ist.

GEGENÜBER: Anthraxsporen unter dem Mikroskop.

„Iceman“ Richard Kuklinski

Richard Kuklinski machte einen fatalen Fehler: Er ließ die Leiche eines seiner Opfer nicht komplett auftauen, bevor er sie entsorgte.

Kuklinski war ein Mafiakiller, der möglicherweise über 200 Menschen ermordet hatte. Er fror die Leichen ein, um sie nicht unmittelbar nach der Tat entsorgen zu müssen. Das brachte ihm den Beinamen „Iceman“ ein. Eissplitter, die man in einer halb aufgetauten Leiche fand, führten schließlich zu Kuklinskis Verhaftung.

Seinen ersten Mord beging Richard Kuklinski 1948, im Alter von 13 Jahren. Das Opfer war der jugendliche Anführer einer verfeindeten Gang in New Jersey, den Kuklinski mit einem Kleiderhänger aus Holz totprügelte. Dann schnitt er dem Jungen die Finger ab und zog ihm die Zähne, um eine Identifizierung der Leiche zu verhindern.

Für Kuklinski, dessen Vater ein brutaler Alkoholiker gewesen war, war Gewalt ganz normal. Als Kind hatte er oft Katzen gequält. Er band ihre Schwänze aneinander und warf die Tiere über eine Wäscheleine, wo sie sich gegenseitig zerfleischten. Als er zu einem Zwei-Meter-Hünen herangewachsen war, arbeitete Kuklinski als Auftragskiller für die Mafiafamilien in New York, unter anderem für die Familie DeCavalcante, die als Inspiration für die TV-Serie *Die Sopranos* gedient hatte.

Kuklinski verwendete am liebsten Gift, die sauberste Methode, aber er tötete seine Opfer auch mit Schusswaffen, Sprengstoffen, Reifenhebern, Handgranaten und einer Bombe, die an einem ferngesteuerten Auto befestigt war. Manchmal prügelte er sie auch zu Tode: „als Muskeltraining“. Manche Opfer fesselte er und verfütterte sie an Höhlenratten, die, wie er sagte, einen Menschen in weniger als zwei Tagen komplett beseitigten.

Kuklinskis bevorzugtes Gift war Cyanid, da es leicht zu verabreichen und schwer nachzuweisen war. Manchmal vergiftete er Hamburger mit Cyanid oder mischte das Gift in ein Nasenspray, das er dann direkt in das Gesicht des Opfers sprühte. „Man sprüht ihm das Zeug ins Gesicht und er schläft ein“, erklärte Kuklinski später.

Sein Wissen über Cyanid hatte Kuklinski von einem anderen Auftragskiller, genannt „Mister Softee“, der zur Tarnung einen Eiswagen der gleichnamigen Marke fuhr. Mister Softee hatte Kuklinski auch etwas über das Einfrieren von Leichen beigebracht: Ließ man die Leiche monatelang im Kühlschrank liegen, konnte der Todeszeitpunkt nicht mehr festgestellt werden. Nach 38 Jahren des Mordens machte Kuklinski im Jahr 1986 aber einen Fehler. Er ließ die Leiche eines ermordeten Geschäftspartners nicht vollständig auftauen und die Eiskristalle, die man in der Kehle fand, führten die Ermittler zu Kuklinski und seinen Kühlschränken. Kuklinski wurde zu einer 18-jährigen Haftstrafe verurteilt und starb im Gefängnis. Während seiner Haft gab er viele Interviews, um zur Legendenbildung rund um den „Iceman“ beizutragen.

OBEN: Richard Kuklinski, der „Iceman“, wird im Jahr 1986 verhaftet.

GEGENÜBER: Ein Bericht über Kuklinskis Verhaftung in der New Yorker Zeitung Daily News.

MANHATTAN ★ ★ ★ ★ SPORTS FINAL

COLOMBIA'S REIGN OF TERROR:

COCAINE KILLS

PART 4 OF WHY THE SMUGGLERS ARE WINNING – Starts on Page 7

DAILY NEWS

35¢ NEW YORK'S PICTURE NEWSPAPER® Thursday, December 18, 1986

Nancy: They deceived Ron

Page 3

BURGER MURDER

N.J. man held in killings of 5 with gun & cyanide

Story on page 2

HASENFUS IS FREE

Nicaraguan President Daniel Ortega as he handed over gunrunner Eugene Hasenfus (left) to Sen. Christopher Dodd (right) in Managua yesterday. At far right is prisoner's wife, Sally. Hasenfus will arrive home today and may be summoned before congressional committees investigating the

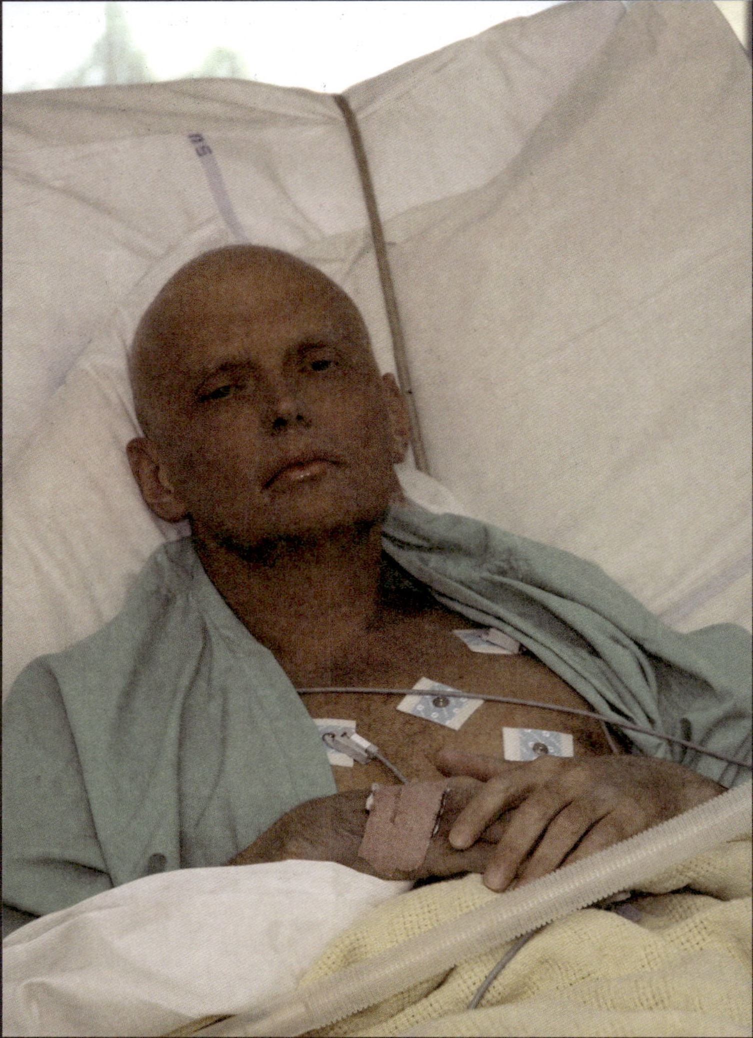

Das Attentat auf Alexander Litwinenko

Als Alexander Litwinenko im Londoner Millennium Hotel mit zwei Kollegen eine Tasse Tee trank, hatte er keine Ahnung, dass er gerade seiner eigenen Hinrichtung beiwohnte.

Denn im Tee befand sich das radioaktive Gift Polonium-210. Während sich Litwinenkos Gesundheit in den darauffolgenden Tagen immer weiter verschlechterte, kam eine Geschichte voller Mord und Korruption ans Licht, die bis in die höchsten Ränge der russischen Regierung reichte.

Der ehemalige Spion Alexander Litwinenko war seit seiner Flucht aus Russland im Jahr 2000 im Visier des KGB gewesen. Seine früheren Kollegen verwendeten ein Bild von ihm als Zielscheibe auf ihrem Schießstand in Moskau. Dort galt Litwinenko als schlimmster Verräter: Der frühere Offizier war nach England geflüchtet, wo er als Autor und als Agent für den britischen Geheimdienst MI6 arbeitete. Außerdem war er ein unermüdlicher Kritiker des russischen Präsidenten Vladimir Putin.

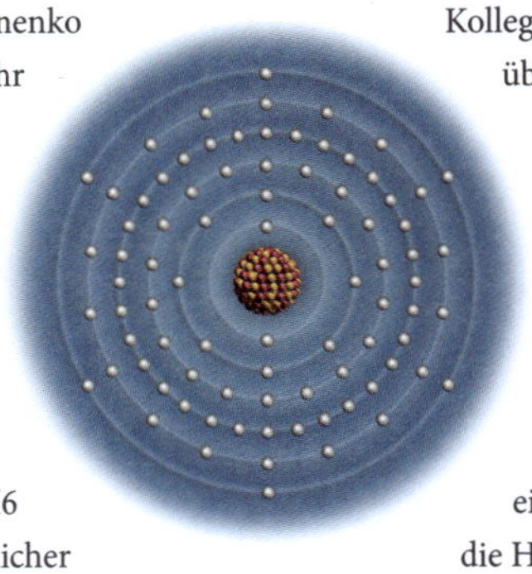

Für den MI6 war Litwinenko ein wertvoller Informant: Er kannte einige Agenten des russischen Geheimdiensts, die ihre Geheimnisse gegen Bezahlung preisgaben. Außerdem besaß er Insiderwissen über die Verbindungen des Kreml zum organisierten Verbrechen. Erst kurz zuvor hatte er britische und spanische Regierungsagenten mit Informationen über die Aktivitäten der russischen Mafia in Spanien versorgt. Die Spur führte direkt zu Putin, und Litwinenko wollte Ende 2006 vor den spanischen Behörden aussagen. Aber das wusste jemand zu verhindern.

Am 28. Oktober 2006 kamen die russischen Attentäter Andrei Lugowoi und Dmitri Kowtun in London an. In ihrem Gepäck: ein „sehr teures Gift", wie Kowtun einem Freund verraten hatte. Lugowoi und Litwinenko hatten zusammen für den Oligarchen Boris Beresowski gearbeitet. Lugowoi hatte ein Treffen mit seinem Ex-Kollegen im Millennium Hotel organisiert, um über Investitionsmöglichkeiten in Russland zu sprechen. Lugowoi kam am 1. November 2006 um 15:32 im Hotel an. Kowtun erschien 15 Minuten später. Beide benutzten die Herrentoilette in der Lobby, wo man später radioaktive Spuren nachweisen konnte. Die Männer bestellten sich Getränke, unter anderem eine Kanne grünen Tee, und setzten sich an die Hotelbar.

Litwinenko erschien um 15:59. Lugowoi begrüßte ihn und führte ihn an die Bar. Das Treffen dauerte 20 Minuten. Litwinenko, der kein Geld bei sich hatte, wollte nichts bestellen. Lugowoi bot ihm dann etwas von dem Tee an und bat um eine weitere Tasse. Ein Kellner brachte sie und goss den Tee ein. Litwinenko trank drei oder vier Schlucke des kalten, bitteren Tees und ließ den Rest stehen. Später erzählte er der Polizei, dass er das Gefühl hatte, die Männer wollten ihn töten. Und er behielt recht.

Schon bald nach dem Treffen im Millennium Hotel erkrankte Litwinenko. Er wurde erst ins Barnet Hospital und später zur weiteren Untersuchung ins University

OBEN: Die Atomstruktur von Polonium-210.

GEGENÜBER: Alexander Litwinenko im Krankenhaus, wenige Tage vor seinem Tod.

College Hospital eingewiesen. Seine Symptome ähnelten denen einer Thalliumvergiftung, aber dafür gab es keine Indizien. Die Ärzte waren ratlos. Im Krankenhaus gab Litwinenko umfassend Auskunft über das Treffen und die Vergiftung, seine Vergangenheit beim KGB und später auch, etwas zögerlich, über seine gegenwärtige Arbeit für den MI6. Die Polizeiprotokolle wurden acht Jahre später veröffentlicht. Darin macht Litwinenko Vladimir Putin für das Attentat verantwortlich. Er musste seine Aussagen immer wieder wegen Durchfall unterbrechen. Am 20. November ging es Litwinenko sehr schlecht. Sein Puls schlug permanent unregelmäßig, sein Knochenmark war angegriffen, seine Organe versagten. Den hinzugezogenen Onkologen, die Litwinenko untersuchten, erschien er wie ein Krebskranker im Endstadium: Seine Haut war aschgrau, seine Haare und Augenbrauen waren ausgefallen und seine Haut von einem Ausschlag entstellt. Aber noch immer wusste niemand, welches Gift ihn dahinraffte.

Blut- und Urinproben von Litwinenko wurden zur spektroskopischen Untersuchung an das britische Atomwaffeninstitut AWE geschickt. Erst wurde keine radioaktive Strahlung festgestellt. Aber ein Wissenschaftler, der an einem britischen Atombombenprogramm gearbeitet hatte, entdeckte zufällig eine kaum wahrnehmbare Anhebung der Gammastrahlung im Spektrogramm. Er identifizierte die Werte als Polonium-210, ein Isotop, das zur Herstellung der ersten Atomwaffen verwendet worden war.

Für Litwinenko machte die Diagnose jedoch keinen Unterschied. Am 22. November verließ ihn allmählich das Bewusstsein und er verabschiedete sich von seiner Frau Marina. Gegen Mitternacht erlitt er zwei Herzinfarkte und wurde in ein künstliches Koma versetzt. Am Abend des 23. Novembers starb er nach einem dritten Herzinfarkt.

Trotz umfassender Ermittlungen, die Putin und die russische Regierung des Mordes an Litwinenko belasten, leugnet der Kreml bis heute jegliche Beteiligung an dem Attentat. Das Polonium-210, mit dem Litwinenko vergiftet wurde, stammt jedoch aus einem Atomkraftwerk in der russischen Stadt Sarow. Nur hochrangige Regierungsbeamte hätten Zugang zu diesem Polonium gehabt. Litwinenko, ein verhasster Staatsfeind Russlands, war der erste Mensch der Geschichte, der mit Polonium ermordet worden war.

DIE SPUR DES POLONIUMS

Die Wahl von Polonium als Mordwaffe wurde als „Geniestreich" bezeichnet. Das Gift kann in einer kleinen Wasserflasche transportiert werden, ist im Körper extrem schwer nachzuweisen und wirkt nicht sofort nach der Einnahme. Die Ausführung des Attentats war jedoch von Dummheit und Inkompetenz geprägt. Andrei Lugowoi schaffte es erst beim vierten Versuch, Litwinenko zu vergiften. Jedes Mal flog er nach London, um sich mit ihm zu treffen. Erst der letzte Versuch gelang. Lugowoi prahlte damit, dass er eine teure Geheimwaffe bei sich trug. Dennoch hatte er scheinbar keine Ahnung, wie leicht man das Gift verbreiten konnte. Als Lugowoi das Polonium in die Teekanne gab, kontaminierte er sich versehentlich damit und hinterließ in Folge eine radioaktive Spur quer durch London. Alles, was er berührte, wurde radioaktiv verseucht: seine Kreditkarten, die Sitze im Flugzeug, die Tische in Restaurants, die Lichtschalter im Hotel und sogar die Menschen, denen er die Hand schüttelte. Sobald die Polizei wusste, mit welchem Stoff sie es zu tun hatte, konnten sie dieser Spur folgen und genau rekonstruieren, wo Lugowoi und Kowtun überall gewesen waren – und zwar nicht nur am 1. November, sondern auch bei ihren vorhergehenden Besuchen. In einer Shisha-Bar in Soho und an den Tischen, Türen und Stühlen eines Nachtclubs fanden sie Polonium, das von einem Besuch am 17. Oktober stammte. In ihren Badezimmern des Great Western Hotels schütteten die Killer große Mengen Polonium in die Waschbecken. Am folgenden Tag hatten sie in ein anderes Hotel eingecheckt – vielleicht war ihnen bewusst geworden, mit was für einem gefährlichen Stoff sie hantierten.

GEGENÜBER: Litwinenko und sein Buch Blowing Up Russia: Terror from Within *(zu Deutsch:* Eiszeit im Kreml*). Ihm zufolge steckte Putin hinter den Wohnungsexplosionen in Russland im Jahr 1999 – der Anlass für den Zweiten Tschetschenienkrieg.*

Blowing Up
Russia:
TERROR
FROM WITHIN

Polonium-210

Polonium-210 ist eines der radioaktiven Isotope des Elements Polonium, ein silbergraues Metall mit dem Elementsymbol Po. Polonium wird aus Uranerz gewonnen.

ALLGEMEINES:

Polonium-210 ist ein seltener, stark radioaktiver Stoff, der positiv geladene Teilchen abgibt. In sehr geringen Mengen findet sich das Isotop auch im Boden und in der Erdatmosphäre, aber es verbreitet sich nicht und wird nicht von der Haut absorbiert. Gefährlich wird es für den Menschen erst, wenn es eingenommen wird. Dann enthält schon eine winzige Menge von der Größe des Punkts am Ende dieses Satzes die über 3000-fache tödliche Dosis für Menschen. Erstmals entdeckt wurde das Isotop 1898 von Marie Curie, die es nach ihrem Heimatland Polen benannte. Das US-Militär isolierte Polonium im Rahmen des Manhattan-Projekts, um es zum Bau von Atomwaffen zu verwenden. Die Wissenschaftler des Projekts testeten seine Wirkung an Freiwilligen, die unter unheilbaren Krankheiten litten. Ihre Obduktionen ergaben eine Vergiftung ihrer inneren Organe durch Polonium. Der erste dokumentierte Giftanschlag mit Polonium-210 war das Attentat auf Alexander Litwinenko im Jahr 2006 (Seiten 156–159). Die Gewinnung des Isotops ist aufwendig und langwierig, sodass heute pro Jahr nur etwa 100 mg in allen Atomreaktoren der Welt erzeugt werden.

GIFTWIRKUNG:

Im Körper finden sich oft winzigste Mengen Polonium, das in höheren Dosen der nahezu tödlichste Stoff der Welt ist. Der Konsum oder das Einatmen von einem Millionsten Gramm ist meist schon tödlich. Sobald es in den Blutkreislauf gelangt, greifen die radioaktiven Teilchen die menschlichen Zellen an und schädigen sämtliche Organe. Dann dringt das Polonium ins Knochenmark ein und deaktiviert das Lymphsystem. So eine umfassende Attacke kann nur zum Tod führen. Da Polonium farb- und geruchlos ist und im Körper nur schwer nachgewiesen werden kann, wird es auch als „perfektes Gift" bezeichnet.

SYMPTOME:

Polonium ist um ein Millionenfaches giftiger als Cyanwasserstoff. Es verursacht die typischen Symptome der Strahlenvergiftung, unter anderem Übelkeit, Erbrechen, Durchfall, Haarausfall und schwere Kopfschmerzen, gefolgt von Leber- und Nierenversagen. Der Tod tritt nach einigen Tagen bis Wochen ein.

BEHANDLUNG:

Direkt nach der Einnahme von Polonium kann man die Vergiftung noch durch eine Magenspülung stoppen. Gelangt eine tödliche Dosis jedoch ins Blut, gibt es kein Zurück mehr. Die Alphateilchen werden von den Zellen aufgenommen und sabotieren alle biologischen Prozesse.

BERÜHMTE VERGIFTUNGSFÄLLE:

- Marie Curie, die für ihre Entdeckung des Poloniums den Nobelpreis erhielt, starb 1934 an Leukämie, die durch ihre Arbeit mit radioaktiven Stoffen verursacht wurde.
- Im Jahr 2004 starb der Palästinenserführer Jassir Arafat unerwartet an einer rätselhaften Krankheit. Manche glauben, dass er mit Polonium vergiftet wurde. Ermittler aus der Schweiz fanden tatsächlich Spuren des Gifts an Arafats persönlichen Gegenständen, aber es gibt keinen klaren Beweis für einen Giftmord.

GEGENÜBER: Die polnische Nobelpreisträgerin Marie Skłodowska Curie. Sie entdeckte die Elemente Radium und Polonium, die schließlich auch ihren Tod verursachten.

Die Vergiftung des Viktor Juschtschenko

Im Jahr 2004 kehrte der ukrainische Präsidentschaftskandidat Viktor Juschtschenko nach einem Essen im Restaurant nach Hause zurück. Er küsste seine Frau, die fand, dass seine Lippen metallisch schmeckten. Zwei Tage später schwoll Juschtschenkos Körper an.

Er wurde in die Notaufnahme geflogen. Sein Kopf war angeschwollen und er hatte starke Schmerzen. Später bildeten sich auf seinem ganzen Gesicht Pickel, Pusteln und Läsionen: Chlorakne, ein unverkennbares Anzeichen einer Dioxinvergiftung.

Der Dioxinanschlag auf Viktor Juschtschenko sorgte für internationales Aufsehen. Es handelte sich um ein eindeutiges Attentat auf einen europäischen Politiker, der zu einer demokratischen Präsidentschaftswahl antrat. Der Verdacht fiel auf seinen größten Konkurrenten, den Ministerpräsidenten Viktor Janukowitsch, ein prorussischer, antieuropäischer Kandidat, der vom damaligen Präsidenten Leonid Kutschma unterstützt wurde.

Der Regierung wurde Korruption und Machtmissbrauch vorgeworfen, da Kutschma die Beziehungen zu Russland stärkte, während die ukrainische Wirtschaft strauchelte. Juschtschenko war schon Ministerpräsident unter Kutschma gewesen, wurde 2001 jedoch abgesetzt. Daraufhin entstand das Parteibündnis *Unsere Ukraine*, mit dem Juschtschenko eine liberale, europafreundliche Politik verfolgte und den Wählerdialog förderte.

Trotz des erbitterten Wahlkampfs gegen Janukowitsch kam der Giftanschlag auf Juschtschenko überraschend. Das toxikologische Gutachten ergab, dass der Dioxingehalt in Juschtschenkos Blut das 50.000-Fache des Normalwerts betrug. Die hohe Reinheit des verwendeten Dioxins verriet, dass das Gift nur aus einem Labor stammen konnte. Die Sachverständigen sagten aus, dass Dioxin ein besonders geeignetes Mordgift war, da es farb- und geschmacklos ist und die Symptome erst einige Tage später auftreten. Außerdem besitzen nur wenige Labors das nötige Equipment, um Dioxin im Blut nachzuweisen.

Für Juschtschenko war der Fall klar: Die drei Männer, mit denen er am Abend des Anschlags zu Abend gegessen hatte, arbeiteten für die russische Regierung. Er sagte, sie hatten seinen Reis mit Dioxin vergiftet, um ihn zu ermorden. Die Antwort aus dem Kreml lautete, dass Juschtschenko wohl nur zu viel Sushi und Alkohol konsumiert habe und es ihm davon schlecht ginge.

Juschtschenkos entstelltes, vernarbtes Gesicht hielt ihn nicht davon ab, seinen Wahlkampf fortzusetzen. Nach einer knappen Stichwahl, aus der Janukowitsch als Sieger hervorging, kam es zu massiven Protesten – die „Orange Revolution". Der Oberste Gerichtshof veranlasste daraufhin eine zweite Stichwahl. Juschtschenko gewann und trat 2005 sein Amt als Präsident an.

Die Ermittlungen im Fall Juschtschenko waren auch 2019 noch im Gange, ohne ein Ende in Sicht. Sämtliche Forderungen, die Männer auszuliefern, mit denen Juschtschenko am Abend der Vergiftung im Restaurant gegessen hatte, wurden abgelehnt. Als Juschtschenko von einem Journalisten gefragt wurde, ob die Spitze der russischen Regierung für den Anschlag verantwortlich war, sagte er: „Ich wurde vergiftet, weil ich mich an die EU annäherte. Unser Nachbar möchte das verhindern."

GEGENÜBER: Viktor Juschtschenkos entstelltes Gesicht nach dem Dioxinanschlag 2004. Die durch das Gift hervorgerufene Chlorakne erzeugt Zysten, Pickel und Pusteln im Gesicht, den Achselhöhlen und der Leistengegend.

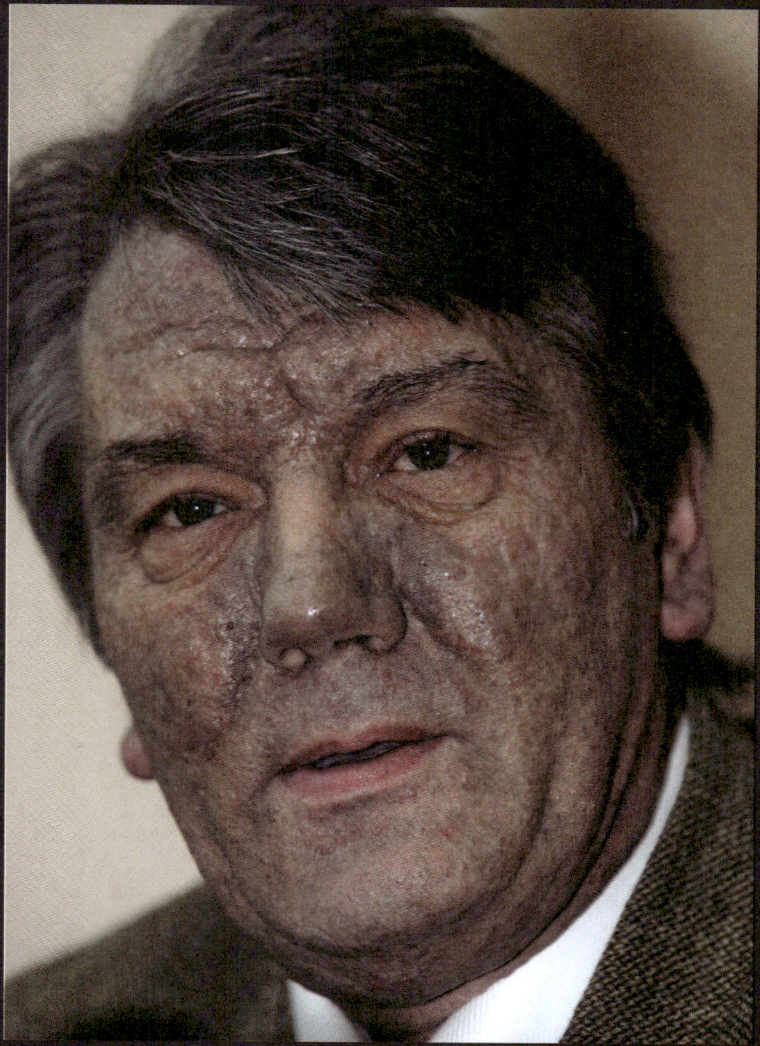

Dioxin

Dioxine sind chemische Verbindungen, die meist als Nebenprodukt bei der Herstellung von Unkrautvernichtungs- und Desinfektionsmittel entstehen. Ein Dioxin wurde speziell zur Verwendung als Gift synthetisiert: 2,3,7,8-Tetrachlordibenzoparadioxin (2,3,7,8-TCDD), umgangssprachlich einfach „Dioxin" genannt.

ALLGEMEINES:

Dioxin ist ein krebserregender Stoff, der im 19. Jahrhundert bei deutschen Chemiearbeitern, die damit in Kontakt kamen, Hautschäden verursachte. In der jüngeren Vergangenheit war es Bestandteil des Herbizids Agent Orange. Während des Vietnamkriegs versprühte das US-Militär über 75 Millionen Liter dieser Chemikalie, um riesige Waldflächen zu entlauben und dem Feind die Tarnung zu nehmen. Dabei wurden geschätzt über drei Millionen Menschen vergiftet. Agent Orange verursachte tödliche Erkrankungen, darunter Weichteilsarkome, Non-Hodgkin-Lymphom und Hodgkin-Lymphom. Auch 43 Jahre nach dem Ende des Vietnamkriegs kommen immer noch viele Kinder mit Geburtsfehlern zur Welt. Im Jahr 1976 trat bei einem Unglück in einer Chemiefabrik im italienischen Seveso Dioxin aus und vergiftete die Einheimischen. In den darauffolgenden Jahren kam es in der Region zu einem gehäuften Auftreten von Unfruchtbarkeit und bestimmten Krebsarten. Die meisten bekannten Dioxinvergiftungen entstanden durch unbeabsichtigten Hautkontakt mit dem Gift. Im Jahr 2004 wurde es auch als Mordwaffe verwendet – beim Attentat auf den ukrainischen Oppositionsführer Viktor Juschtschenko (siehe Seiten 162–163).

GIFTWIRKUNG:

Die Toxizität von Dioxin ist schwer zu messen: Verschieden hohe Dosen können sehr unterschiedlich wirken, je nachdem, wie gut der Stoffwechsel des Opfers damit umgehen kann. Darum braucht man auch 5000-mal mehr Dioxin, um einen Hamster zu töten als ein Meerschweinchen. Das Dioxin bindet sich an die DNA im Zellkern, was zu Störungen der Proteinsynthese führt. Das Immunsystem des Organismus kann nicht mehr richtig arbeiten, wodurch das Krebsrisiko steigt. Ein typisches Symptom bei Menschen ist die sogenannte Chlorakne, die das Gesicht verfärbt, mit Pusteln überzieht und bleibende Narben hinterlässt.

GEGENÜBER: Ein US-Militärflugzeug versprüht Agent Orange über dem Dschungel von Vietnam. Das Entlaubungsmittel, das Dioxin enthielt, wurde im Rahmen der Operation Ranch Hand eingesetzt.

SYMPTOME:

Zu den Symptomen einer Dioxinvergiftung durch Hautkontakt gehören Irritationen der Haut und Schleimhäute. Nach einer Einnahme kann es Wochen dauern, bis sich Symptome zeigen – unter anderem Chlorakne, starker Haarwuchs, Wahrnehmungsstörungen, Muskelschwäche und, bei hohen Dosen, der allmähliche körperliche Verfall, der zum Tod führt.

BEHANDLUNG:

Gegen Dioxin gibt es kein bestimmtes Gegenmittel. Bei einer Vergiftung werden der Magen ausgespült und Aktivkohle gegeben. Letztere bindet das Gift, sodass es vom Körper schneller ausgeschieden werden kann.

BERÜHMTE VERGIFTUNGSFÄLLE:

- Im Jahr 1997 wurden in einer Textilfabrik in Wien fünf Mitarbeiterinnen durch Dioxin vergiftet. Bei einer der Frauen wurde einer der höchsten bei einem Menschen jemals gemessenen Dioxinwerte festgestellt: 144.000 Picogramm TCDD pro Gramm Blutfett beziehungsweise 1,6 mg Dioxin im Körper. Wie durch ein Wunder überlebten die Frauen, litten jedoch noch viele Jahre nach dem Vorfall an Chlorakne.

03-04-2018 Sun 15

GREGGS
POLICE
POLICE
POLICE
POLICE

Nervengift in Salisbury

Als man Sergej Skripal und seine Tochter Julia zusammengesackt auf einer Parkbank fand, dachte man an eine Überdosis Drogen. Keiner konnte ahnen, dass das englische Städtchen Salisbury zum Schauplatz eines politischen Verbrechens werden könnte.

Die Skripals waren von russischen Attentätern mit einem bis dato unbekannten Nervenkampfstoff vergiftet worden. Schon bald kannte die ganze Welt den Namen des Gifts: Nowitschok.

Nach dem Vorfall am 4. März 2018 in Salisbury berichten Augenzeugen, dass Julia Skripal Schaum vor dem Mund hatte und ihre „Augen offen, aber komplett weiß" waren. Nachdem die beiden Opfer in das Krankenhaus von Salisbury geflogen wurden, stellte sich heraus, dass Sergej und seine Tochter Julia mit dem äußerst seltenen Nervenkampfstoff Nowitschok vergiftet worden waren. Das Brisante daran: Sergej war ein übergelaufener russischer Spion, der als Doppelagent für den britischen Geheimdienst gearbeitet hatte.

Nach einem Agentenaustausch mit Russland im Jahr 2010 war Sergej Skripal dauerhaft nach England gezogen. In Russland war er wegen Hochverrats zu 13 Jahren Arbeitslager verurteilt worden. Man hatte ihn erwischt, wie er gegen Geld Staatsgeheimnisse an den britischen Geheimdienst MI6 verriet. Außerdem soll Skripal die Identität von über 300 russischen Agenten preisgegeben haben. Nach dem Giftanschlag schrieb die *New York Times*, dass Skripal im Ruhestand, aber immer noch aktiv war.

Aussagen von Einheimischen zufolge war Sergej ein höflicher 66-jähriger Gentleman, der wie ein normaler Rentner wirkte. Seine 33-jährige Tochter Julia war am Tag vor dem Attentat aus Moskau angereist. Am Sonntag aßen die beiden gemeinsam im Zentrum von Salisbury zu Mittag. Sie verließen das Restaurant um 15:35. Um 16:15 wurden sie bewusstlos auf der Parkbank aufgefunden. An ihnen befand sich so viel Gift, dass auch der erste Polizist am Tatort ins Krankenhaus eingeliefert werden musste.

Während der Polizist und die Skripals um ihr Leben kämpften, wurden das Haus der Skripals und mehrere Bereiche in Salisbury polizeilich abgesperrt. Die Stadt wimmelte vor Krankenwägen, Polizeizelten und Ermittlern in Schutzanzügen, sodass der ganze Ort wie der Schauplatz eines Katastrophenfilms aussah. Als das Gift und das mögliche Motiv bekanntgegeben wurden, warf Großbritannien der russischen Regierung versuchten Mord vor. Diese Meinung teilten auch 28 verbündete Staaten, die 153 russische Diplomaten ausweisen ließen.

Die Spur der Indizien führte nach Russland: Die Variante des verwendeten Nowitschok war A-234, die dem in Russland entwickelten A-232 sehr ähnelte. Und nur ein hochrangiges Regierungsmitglied könnte dieses Gift für die Verwendung bei einem Attentat im Ausland genehmigen. Wer waren also die Täter?

Stellt man sich einen Mordversuch durch russische Geheimagenten vor, denken viele an einen komplizierten Plan und den Einsatz modernster Spionagetechnik. Umso kurioser wirkte es, dass die beiden Attentäter ein paar Tage zuvor mit einem Passagierflugzeug aus Moskau angereist waren und sich als Touristen ausgegeben hatten. Das Gift transportierten sie in einer kleinen Parfümflasche.

GEGENÜBER OBEN: Bilder aus der Überwachungskamera zeigen die Skripals Minuten vor dem Anschlag.

GEGENÜBER: Ein Polizist bewacht den Tatort, an dem die Skripals 2018 vergiftet worden waren.

Bilder aus den Überwachungskameras zeigten die Männer, die nach ihrer Ankunft am Flughafen Gatwick in einen Zug nach Salisbury stiegen. Dort gingen sie in die Richtung des Skripal-Hauses, obwohl sie später aussagten, sich die Kathedrale angesehen zu haben. In der Straße, in der Sergej wohnte, befanden sich keine Kameras, aber die forensische Untersuchung ergab, dass der Griff der Eingangstür mit Nowitschok kontaminiert war. Als man die Skripals auf der Parkbank entdeckte, befanden sich die Täter bereits wieder in London und warteten auf ihren Rückflug nach Moskau.

Dem britischen Zoll zufolge reisten die Killer unter den Namen Alexander Petrow und Ruslan Boschirow. Ein Haftbefehl wurde erteilt, falls man sie in Europa aufspüren sollte. Kurioserweise erschienen die Männer im russischen Staatsfernsehen, wo sie ihre Unschuld beteuerten. Angeblich besuchten sie nur die Kathedrale von Salisbury, da sie einen der höchsten Kirchtürme Europas hat.

Das Interview enthüllte jedoch die Identität der Männer. Die investigative Website Bellingcat identifizierte einen von ihnen als Anatoli Tschepiga, Veteran des Tschetschenienkriegs und Träger des Ehrentitels „Held der russischen Föderation", der höchsten Auszeichnung des Landes. Der andere Verdächtige war Alexander Mischkin, ein Arzt im Dienst des russischen Militärgeheimdiensts GRU.

Während die Ermittlungen im Gange waren, kamen die Skripals wieder zu Bewusstsein. Ihr Zustand stabilisierte sich und sie konnten aus dem Krankenhaus entlassen werden. Ihr gegenwärtiger Aufenthaltsort ist unbekannt, aber Julia lehnte bei einem Fernsehauftritt die Hilfe der russischen Regierung ab und bat nur, dass man sie und ihren Vater in Ruhe ließ, damit sie sich erholen konnten. Der Kreml warf der britischen Regierung vor, dass sie den Skripals die Freiheit entzogen hatte und schlug vor, dass die beiden nach Russland zurückkehren sollten.

Eine letzte überraschende Wende gab es in dem Giftkrimi aber noch, als ein Paar aus der Stadt Amesbury, rund 11 Kilometer nördlich von Salisbury, eine weggeworfene Parfümflasche fand und verwendete. Fünfzehn Minuten nach dem Auftragen des Parfüms traten bei Charlie Rowley und seiner Partnerin Dawn Sturgess die Anzeichen einer Vergiftung auf. Rowley hatte die, wie er sagte, „ölige Flüssigkeit, die nicht nach Parfüm roch" auf Dawns Handgelenk gesprüht. Ein Freund der beiden fand die beiden in ihrem Haus. Sturgess hatte Schaum vor dem Mund und Rowley „schwitzte, sabberte und machte komische Geräusche". Sturgess starb später im Krankenhaus. Bei der Obduktion wurde Nowitschok in ihrem Körper festgestellt. Obwohl der Anschlag Skripal galt, war Sturgess das einzige Todesopfer des Gifts.

RUSSISCHE DEMENTIS

Der Mordversuch von russischen Agenten auf britischem Boden führte zu der größten diplomatischen Krise zwischen London und Moskau seit dem Kalten Krieg. Der Kreml dementiert eine Beteiligung an dem Anschlag und wirft Großbritannien vor, den Vorfall erfunden zu haben, um russische Interessen zu unterminieren. In einem Interview sagte Präsident Vladimir Putin, dass die Täter unbescholtene russische Bürger seien. Das russische Staatsfernsehen Channel One stimmte zu und vermeldete, dass die Männer Ernährungsberater seien, die in Salisbury Sportlernahrung kaufen wollten. Eine Nachrichtensprecherin warnte davor, „das Vaterland zu verraten" und merkte an, dass England ein besonders gefährliches Reiseziel sei: „Vielleicht liegt es am Klima, aber in den letzten Jahren gab es einige rätselhafte Vorfälle mit fatalen Folgen." Zu diesen plötzlichen, unaufgeklärten Todesfällen russischer Bürger in Großbritannien gehören der Kreml-Whistleblower Alexander Perepilitschni, der Putin-Kritiker Boris Beresowski und der Ex-Spion Alexander Litwinenko (Seiten 156–159).

Alle diese Opfer und die Skripals, die den Anschlag überlebten, haben etwas gemeinsam: Sie sind russische Dissidenten, die es wagten Vladimir Putins Politik zu kritisieren.

OBEN: Die Verpackung des Parfüms, das mit Novitschok versetzt war.

GEGENÜBER: Oberst Anatoli Tschepiga und Oberst Alexander Mischkin beteuern im russischen Staatsfernsehen ihre Unschuld. Sie verwendeten die Pseudonyme Alexander Petrow und Ruslan Boschirow.

Premier Jour
NINA RICCI

Nowitschok

Nowitschok, ***Russisch für „Neuling", bezeichnet eine Reihe von Nervenkampfstoffen, die aus den Phosphor-Sauerstoff-Fluor-Verbindungen älterer Nervengifte wie Sarin und Soman entwickelt wurden. Sie wirken ähnlich wie der chemische Kampfstoff VX.***

ALLGEMEINES:

Nowitschok wurde in den 1970er-Jahren von der Sowjetunion im Rahmen des geheimen Militärprogramms „Foliant" entwickelt. Seine Existenz wurde jedoch erst in den 1990ern vom russischen Wissenschaftler und Überläufer Wil Mirsajanow bekannt gemacht. Mirsajanow sagte, dass das Gift in der geheimen Chemiewaffenfabrik in Nukus in Usbekistan hergestellt wurde und als wertvolle Waffe galt, da es noch unbekannt war und von internationalen Ermittlern nicht nachgewiesen werden konnte, im Gegensatz zu älteren Nervenkampfstoffen wie VX. Die Wirksamkeit des Gifts war an Hunden getestet worden.

Nowitschok ist farb- und geruchlos und kann als Flüssigkeit, Pulver, Gas oder Aerosol verwendet werden. Letzteres kam beim Attentat von Salisbury zum Einsatz (siehe Seiten 166–169). Die 100-ml-Parfümflasche, die später gefunden wurde, enthielt genug Nowitschok, um tausende Menschen zu töten. Mittels Granaten, Bomben oder Raketen könnte man noch größere Mengen des Gifts freisetzen.

Im Jahr 2018 gelangte sowjetisches Nowitschok in die Hände des deutschen Geheimdiensts, der die Probe mit seinen Partnern in Europa, Großbritannien und den USA teilte. Seitdem wird Nowitschok in einigen westlichen Ländern zu Forschungszwecken entwickelt. Ein Nowitschok-Anschlag auf eine Stadt wäre katastrophal, aber zumindest ist das Gift keine unbekannte Geheimwaffe mehr.

GIFTWIRKUNG:

Wie die meisten Nervengifte wirkt auch Nowitschok auf das Molekül Acetylcholin, das die Impulse zwischen Nervenzellen überträgt. Hat dieser Botenstoff seine Aufgabe erfüllt, wird er vom Enzym Acetylcholinesterase abgebaut. Findet dieser Abbau nicht statt, verkrampfen sich die Muskeln oder zucken unkontrolliert, was zu Atemversagen und Herzstillstand führt. Die Lungen füllen sich mit Flüssigkeit und das Opfer ertrinkt, sofern es nicht zuvor an einem Herzinfarkt stirbt.

GEGENÜBER: Die Parfümflasche, die beim Nowitschok-Attentat in Salisbury verwendet wurde.

SYMPTOME:

Die ersten Anzeichen einer Nowitschokvergiftung sind stark verengte Pupillen, unregelmäßige Atmung, beschleunigter Puls und starkes Schwitzen. Es folgen Übelkeit, Erbrechen, Durchfall, Krämpfe, Bewusstlosigkeit und Tod.

BEHANDLUNG:

Ein Gegenmittel gibt es nicht, aber das Alkaloid Atropin kann die Wirkung des Gifts stoppen, da es das Enzym Acetylcholinesterase blockiert. Atropin hilft aber nur, wenn es schon kurz nach der Vergiftung mit Nowitschok gegeben wird. Eine Behandlung der Atemlähmung und das Absaugen von Flüssigkeit aus der Lunge können einem Nowitschok-Opfer das Leben retten.

BERÜHMTE VERGIFTUNGSFÄLLE:

- Im Jahr 1995 wurden der russische Banker Iwan Kiwelidi und seine Sekretärin Zara Ismailowa mit einer älteren Variante von Nowitschok vergiftet. Später wurde Kiwelidis ehemaliger Geschäftspartner Vladimir Chutsischwili wegen des Mordes an den beiden verurteilt. Das Gift erhielt er angeblich illegal von einem Mitarbeiter des staatlichen Forschungsinstituts für organische Chemie und Technologie, das auch an der Entwicklung von Nowitschok beteiligt gewesen war.

Register

Bildnachweis

Der Herausgeber bedankt sich bei den Copyright-Inhabern für die Erlaubnis zur Verwendung ihrer Bilder:

AKG-Images: DeAgostini/A.Dagli Orti 73

Alamy: AF Fotografie 68; /Archive PL 96; /Artokoloro Quint Lox 28; /Stefano Bianchetti 74; /Chronicle 10, 17, 44, 87, 109; / Dorset Media Service 170; /Geoz 98; /Florilegius 104; /John Frost Newspapers 118; /F.Martinez Clavel 72; /History and Art Collection 57; /ImageBROKER 14; /Lanmas 67; /Lebrecht Music & Arts 62; /Newscom 134, 169; /Pictorial Press 97; /UtCon Collection 71; /Bruce Yuanyue Bi 130

Bridgeman Images: 11, 20, 27, 102; /Archives Charmet 32; /Granger 63; /Look and Learn 29, 51; /Purix Verlag Volker Christen 31

Getty Images: 131, 141; /Araldo de Luca/Corbis 35; /Bentley Archive/Popperfoto 126; /Bettmann 119, 154; / Bride Lane Library/ Popperfoto 123; /BSIP/UIG 22; / The Cartoon Collector/Print Collector 93; /DeAgostini 60; /Express Newspapers 108; /FBI 151; / Fine Art Images 45, 47, 48; /Hoang Dinh Nam/AFP 15; /Efired 41; /Florilegius/SSPL 64; /Granger 77; / Acey Harper/The LIFE Images Collection 142, 143; /Julien M. Hekimian 70; /Heritage Images 40; /Nobori Hashimoto 137; /Hulton Archive 63, 128; /Illustrated London News/Hulton Archive 103; /Imagno 24-25; /Wojtek Laski 115; /Markus Leodolter/AFP 163; /Hasan Mohamed/AFP 138; / Matthew Naythons/The LIFE Images Collection 122, 123; /NY Daily News Archive 155; /New York Times Co./Neal Boenzi 124; / Ira Nowinski/Corbis/VCG 116; /Phas/UIG 77; /The Print Collector 91; /Popperfoto 129; / Prisma/UIG 36; /Prisma Bildagentur/UIG 61; /Smith Collection/Gado 152; /Dick Swanson//The LIFE Images Collection 164; /TASS 168; /Ullstein Bild 114; /Alex Wong 149; / SSPL 38, 65, 110, 120; /Universal History Archive 12, 54-55, 64, 88, 160; /Natasja Weitsz 156

Greenwich Heritage Centre: 89

Mary Evans Picture Library: Photo Researchers 86

Metropolitan Museum Of Art, Catherine Lorillard Wolfe Collection, Wolfe Fund, 1931: 18

Privatsammlung: 69, 90, 95

Science Photo Library: 146; /Carlos Clarivan 157; /Natural History Museum, London 52; /Dr. Mark J. Winter 144

Shutterstock: 113, 166; /Amoret Tanner Collection 9; /Design Pics Inc. 58; /Eye of Science 80; /Alistair Fuller/AP 159; /Granger 79, 121; /MoreVector 13o; /Morphart Creation 42; /Stanislav Samoylik 13u; /Geoffrey White/ANL 145

Topfoto: 106

Wellcome Library: 100

Alles Bemühungen wurden unternommen, um die Copyright-Inhaber und Quellen der Bilder ausfindig zu machen und die erforderlichen Genehmigungen einzuholen. Sollten dennoch irgendwelche Fehler oder Unterlassungen erfolgt sein, bittet Welbeck Publishing, dies zu entschuldigen und wird sich bemühen, diese Fehler in zukünftigen Ausgaben zu korrigieren.

Über die Autoren

Ben Hubbard ist ein Sachbuchautor und Journalist, der bereits zahlreiche Bücher zu historischen und wissenschaftlichen Themen verfasst hat, darunter das kürzlich erschienene *Bloody History of Paris*. Auf Deutsch erhältlich sind *Das Große Buch der Samurai* und *Das Große Buch der Wikinger*.

Sophie Hannah ist eine Bestsellerautorin psychologischer Krimis, die in 49 Sprachen übersetzt wurden. Seit 2014 brachte sie mit der Genehmigung der Familie und Nachlassverwalter Agatha Christies drei neue Poirot-Romane heraus. Im Jahr 2013 wurde ihr Roman *Der sanfte Mörder* mit dem britischen Krimipreis ausgezeichnet.